Das kleine Handbuch der Rhetorik ^{2100}

Begeistert überzeugen
Das rhetorische Feuer entfachen

Horst Hanisch

© Zweite Auflage: 2019 by Horst Hanisch, Bonn

© Erste Auflage: 2017 by Horst Hanisch, Bonn

Bibliografische Information der Deutschen Nationalbibliothek: Die Deutsche Nationalbibliothek verzeichnet diese Publikation in der Deutschen Nationalbibliografie; detaillierte bibliografische Daten sind im Internet über dnb.dnb.de abrufbar.

Der Text dieses Buches entspricht der neuen deutschen Rechtschreibung.

Die Ratschläge in diesem Buch sind sorgfältig erwogen, dennoch kann eine Garantie nicht übernommen werden. Eine Haftung des Autors und seiner Beauftragten für Personen-, Sach- und Vermögensschäden ist ausgeschlossen.

Aus Gründen der einfacheren Lesbarkeit wird auf das geschlechtsneutrale Differenzieren, zum Beispiel Mitarbeiter/Mitarbeiterin weitestgehend verzichtet. Entsprechende Begriffe gelten im Sinne der Gleichbehandlung für alle Geschlechter.

Idee und Entwurf: Horst Hanisch, Bonn

Lektorat: Alfred Hanisch, Bonn; Annelie Möskes, Bornheim

Buchsatz: Guido Lokietek, Aachen; Horst Hanisch, Bonn

Umschlag: Christian Spatz, engine-productions, Köln; Horst Hanisch, Bonn

Zeichnungen: Horst Hanisch, Bonn

Herstellung und Verlag: BOD – Books on Demand GmbH, Norderstedt

ISBN: 978-3-7448-3956-3

Das kleine Handbuch der Rhetorik [2100]

Begeistert überzeugen

Das rhetorische Feuer entfachen

Inhaltsverzeichnis

Einleitung

„Das rhetorische Feuer entfachen"

Was nutzt es, wenn alles fachlich richtig dargestellt ist, der Zuhörer aber nicht ‚zugreift'? Gemeint ist, dass er Ihre Idee nicht ‚kauft'.

Liegt es daran, dass er nicht überzeugt ist? Oder könnte es sein, dass er nicht verstanden hat, welche Vorteile Ihre Ideen ihm und seinem Unternehmen bringen?

Wo verläuft der Weg zur perfekten Lösung? Nun, überzeugen Sie Ihr Gegenüber. Wie?

Seien Sie selbst 100-prozentig von dem überzeugt, was Sie vermitteln wollen. Seien Sie begeistert von Ihrer Idee oder Ihrem Produkt.

Lassen Sie spüren, dass Sie für Ihre Sache ‚brennen'. Präsentieren Sie so überzeugend, dass das Feuer auf Ihren Zuhörer überspringt.

Bestenfalls fragt er sich anschließend, wie er bisher ohne Ihr Produkt oder Ihre Leistung auskommen konnte. Er greift zu – und zwar so schnell wie möglich. Also: legen Sie – bildhaft gemeint – Feuer! Legen Sie los!

Dazu gehört auch, dass Sie von sich selbst überzeugt sind, sich als Gewinner bezeichnen. Betrachten Sie Ihr Gegenüber auch so – das gegenseitige Vertrauen wird wachsen und die berufliche Zusammenarbeit zementieren.

Praxisnah, zeitgemäß und kompakt. Das sind drei interne Vorgaben für unsere Rhetorik-Ratgeber. In unserer Reihe der kleinen Rhetorik-Handbücher wird jeweils ein wesentlicher Teil aus dem umfangreichen Bereich der Rhetorik kompakt vorgestellt.

Die Themenbereiche sind beispielsweise den Büchern ‚Das große Buch der Rhetorik [2100]' oder ‚Trickreiche Rhetorik [2100]' vom selben Autor entnommen. Die Zahl 2100 steht dabei für das 21. Jahrhundert, was die Aktualität der Themen unterstreicht. Diese entsprechen den heutigen Anforderungen im beruflichen Umgang miteinander.

Im vorliegenden Ratgeber „Rhetorik – Begeistert überzeugen" wird schwerpunktmäßig auf folgende Themen eingegangen:

- Überzeugen und begeistern
- Verständnisvoll und empathisch kommunizieren
- Glut entfachen, Feuer überspringen lassen, verrückt sein

Viel Erfolg bei der Vertiefung bestehenden Wissens und erfolgreichen Einsatz im Berufsleben.

Teil 1 – Überzeugen und Begeistern

Die Begeisterung spüren lassen

Den Geist bemühen

Nehmen wir uns das Wort ‚begeistern‘ vor und versuchen dieses zu analysieren, steht plötzlich und sozusagen leibhaftig ein Geist im Raum. Ein ungreifbares, mystisches Etwas, das belebende Kräfte sein Eigen nennt.

Wir sprechen davon, dass jemand ‚mit Geist erfüllt‘ wurde und somit innerlich auflebte. Wer es schafft, den virtuellen Geist zu beleben, versetzt sich und den Gesprächspartner in eine erhöhte Stimmung.

Im Sinn des Ziels, jemanden von einer eigenen Idee zu begeistern, passt die Wortherkunft wunderbar und ist eins zu eins auf unser Thema übertragbar. Sie haben eine Idee und wollen den anderen in die Stimmung versetzen, Ihre Idee zu unterstützen.

Also: Bemühen Sie den Geist und begeistern Sie Ihren Gesprächspartner.

Als Zeuge aussagen

Wenden wir uns nun dem zweiten Wort zu: dem Wort ‚überzeugen‘. Darin verbirgt sich der Zeuge. Ein Zeuge wird befragt, wenn eine Gegebenheit nachgeprüft werden muss, um sich Gewissheit zu verschaffen. Bezeugt demnach jemand etwas, dann bestätigt er durch seine Zeugenaussage.

Die Wahrscheinlichkeit steigt, dass das bisher Unsichere jetzt sicher wird. Das Nachgeprüfte bekräftigt die Gegebenheit als Wahrheit.

Möchte nun jemand einen anderen überzeugen, stellt er sich gewissermaßen als Zeuge (seiner eigenen Idee) zur Verfügung. Im Idealfall gelingt es ihm, dem Fragenden die gewünschte Sicherheit und Wahrheit zu vermitteln.

So ist also auch dieses Wort ausschlaggebend für Ihr Ziel, den Gesprächspartner dazu zu bringen, von der Richtigkeit und der Wichtigkeit Ihrer Idee auszugehen, um diese zweifelsfrei unterstützen zu können.

Begeistern, überzeugen, brennen lassen

Begeistern – o. k. Überzeugen – auch o. k. Brennen lassen – wie geht das?

Das ist einfacher vorgenommen als getan. Oder doch nicht?

Berichten Sie einer Freundin oder einem Freund begeistert von Ihrem letzten Urlaubserlebnis oder einem Erfolg in Ihrem Hobby, sind Sie kaum zu bremsen.

Offenkundig und dynamisch berichten Sie von Ihren Erlebnissen. Sie schildern bildhaft und eindrucksvoll, was Sie erfahren durften.

Sie artikulieren unter Einsatz des kompletten Körpers. Die Körpersprache arbeitet mit ‚Hand und Fuß‘.

Ihre Stimme wird und wirkt betonend, da wo nötig eine kurze Pause eingefügt. Sie bauen Spannung auf. Ihre Empfindungen hängen als nicht sichtbare Bilder regelrecht greifbar in der Luft. Gleichzeitig werden auch alle Sinne angeregt.

Der Zuhörer kann sich sehr gut in Ihre Erlebniswelt versetzen. Er fühlt sozusagen mit Ihnen – und er ist begeistert.

Er selbst hätte auch gerne mal solch ein tolles Urlaubserlebnis – oder er überlegt, ob er sich nicht dasselbe Hobby zulegen sollte. Er ist begeistert, der Funke ist übergesprungen. Das rhetorische Feuer wurde entfacht. Gratulation!

Dasselbe soll Ihnen gelingen, wenn Sie auf der Bühne stehen, um eine Rede zu halten. Auch in Meetings, in denen Sie eine neue Geschäftsidee vorstellen wollen, sollen die Anwesenden von Ihrer Idee angesteckt werden.

Bei allen möglichen Reden, Vorträgen und Präsentationen geht es um Verkäufe. Sie wollen ein Produkt, eine Dienstleistung, eine Idee, die eigene Arbeitskraft oder anderes verkaufen. Gelingt es Ihnen, Ihren Gesprächspartner beziehungsweise Ihre Gesprächspartnerin zu begeistern, ist der Verkauf fast schon gelungen.

Trainieren Sie, Ihr rhetorisches Feuer zu entfachen.

Der überzeugte und überzeugende Typ

Gewinner oder Loser?

Um begeistern und überzeugen zu können, sollten Sie selbst erst einmal von Ihrer eigenen Idee begeistert und überzeugt sein. Bekanntlich kann derjenige sein Produkt besser verkaufen, der selbst davon überzeugt ist. Die Überzeugung bezieht sich aber nicht nur auf Ihr Produkt oder Ihre Idee, sondern auch auf Sie selbst.

Jemand, dem Erfolg nachgesagt wird, muss zwangsläufig als erfolgreicher Mensch, als ‚Gewinner' erkannt werden. Der Erfolg zeigt sich beispielsweise in der Körpersprache.

Hierzu drei Beispiele.

1. Der Loser

Die erste Person wirkt alles andere als erfolgreich. Sie wirkt verklemmt und unsicher.

Haben wir es hier mit einem Loser zu tun?

Wer will gerne mit solch einer Person ins Geschäft kommen, geschweige denn, sich von seiner Idee überzeugen lassen?

2. Der Überzeugende

Die Person auf dem mittleren Bild wirkt schon viel sympathischer. Sie nimmt Blickkontakt auf. Körperliche Bewegung ist zu erkennen.

Ihr werden die meisten Menschen überzeugt etwas abkaufen.

3. Der begeisterte Gewinner

Die hier abgebildete Person scheint wirklich erfolgreich zu sein. Sie ist begeistert. Hier steht ein Gewinner, der Überzeugung ausstrahlt.

Ihm wird eher geglaubt – und damit etwas abgekauft.

Ihre Körpersprache macht Ihren Erfolg sichtbar. Zeigen Sie, dass Sie erfolgreich sind!

Die eigene Einstellung

Bringen Sie alle bisherigen Überlegungen zusammen. Mit Ihrer eigenen Einstellung und dem Glauben an Ihre Idee ist mit Sicherheit schon die Hälfte der Überzeugungsarbeit geleistet. Wer an sich selbst und seine Ideen glaubt, strahlt eine beeinflussende und beneidenswerte Kraft aus, die sich auf den Gesprächspartner überträgt.

Das Gespräch selbst stellt dann sozusagen die andere Hälfte der Überzeugungsarbeit dar. Erst beide Hälften zusammen ergeben das Ganze. Im Umkehrschluss bedeutet das, wer Zweifel an seiner eigenen Idee hat, kann nicht überzeugend auftreten. Es wird ihm nicht gelingen, den potentiellen Auftraggeber oder Geldgeber zu überzeugen.

Zweifel beseitigen und positiv denken

Hinterfragen Sie sich immer mal wieder. Fegen Sie alle Zweifel zur Seite und betrachten Sie die Entwicklung Ihrer Idee einerseits realistisch, andererseits visionär. Sehen Sie das Ergebnis bereits greifbar vor sich. Begeben Sie sich anschließend gut vorbereitet und gut gelaunt in das Verkaufsgespräch.

Sie haben nichts zu verlieren – Sie können nur gewinnen.

Lächeln Sie sich an und freuen sich darüber, dass Sie existieren und die Möglichkeit haben, rhetorisch aktiv zu werden. Machen Sie sich deutlich, dass Sie zu den Gewinnern gehören.

Win-Win-Strategie

Sehen Sie nicht nur sich selbst als Gewinner, sondern auch Ihr Gegenüber.

Nun, Ihr Gegenüber will ja sein Geld investieren. Sie müssen sich deshalb allerdings nicht als Bittsteller betrachten. Heben Sie sich beide auf eine Win-Win-Ebene.

Sie haben die Idee, der andere hat das Geld. Sie profitieren beide voneinander.

Anders ausgedrückt: Sie sind zusammengekommen, um eine Win-Win-Strategie aufzubauen.

Denken Sie positiv. Achten und wertschätzen sich beide, baut sich ein hilfreiches Vertrauensverhältnis auf, das Ihnen in Ihren Reden und Präsentationen helfen wird.

Links: gut.
Rechts: besser.

Ausgewogenheit und gegenseitige Wertschätzung

In diesem Zusammenhang lässt sich ein schönes Bild darstellen.

Stehen Sie auf der einen und Ihr Gesprächspartner auf der anderen Seite der Wippe im Gleichgewicht, geht es beiden gut.

Eine erfolgreiche berufliche Zusammenarbeit ist abzusehen. Beide betrachten den anderen als Gewinner und verhalten sich ihm gegenüber auch so.

Werden Sie überstrapaziert, drückt das auf Ihre Ausstrahlungskraft. Sie verspüren Druck, der zu Stress führt, mit allen riskanten Folgeerscheinungen.

Einerseits ist Ihre Lebens-Balance aus dem Gleichgewicht geraten. Zum anderen werden Sie vom Gegenüber als Verlierer betrachtet – und auch so behandelt.

Im dar-
gestell-
ten Bild
einer
Wippe
kann der
Sitzbal-
ken al-
lerdings
auch
umge-
kehrt
verlau-
fen.

Nun wird der Gesprächspartner als schwach angesehen. Eventuell so, dass Sie denken „Der weiß nichts; der kann nichts".

Sie werden Ihren Gesprächspartner jetzt als Verlierer ansehen, was natürlich eine schlechte Voraussetzung für ein berufliches Vertrauensverhältnis bedeutet.

Abschließend der Appell: Achten Sie darauf, dass Sie Ihre Gesprächssituation im Interesse beider Seiten in einer Balance halten, damit es nicht zu negativen Folgen kommt.

Pitch Skills

Jemandem etwas schmackhaft machen

Und nun nähern wir uns dem Thema Pitch Skills. Was ist ein Pitch? Www.leo.org gibt allein 331 Bedeutungen für den Begriff Pitch an. In unserem Sinne heißt Pitch:

In kürzester Zeit überzeugen

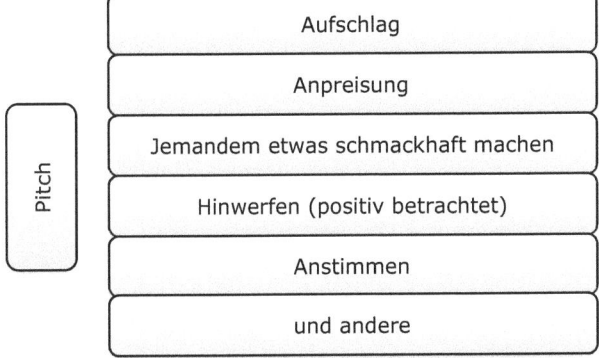

In kürzester Zeit soll das Gegenüber, sei es der Vorgesetzte oder ein potentieller Geldgeber, von einer einzigartigen Idee überzeugt werden können. Die Bezeichnung ‚in kürzester Zeit' sagt aus, dass schnell in kompakter Form die Neugierde des Gegenübers geweckt werden muss.

Besonders interessant wird es dann, wenn keine Vorbereitungszeit vorhanden ist. Beispielsweise dann, wenn Sie auf einer Netzwerkveranstaltung mit anderen zusammenstehen, in einen interessanten Austausch kommen und überraschend gefragt werden: „Wie würden Sie denn diese Sache anpacken?" Jetzt heißt es, in kürzester Zeit, in kompakter Form und mit Begeisterung den anderen oder die anderen zu überzeugen – von Ihrer Idee.

Dabei ist es für uns erst einmal vollkommen egal, um welches Thema es konkret geht. Die Gegebenheit soll lediglich ausdrücken, dass spontan und zielorientiert gehandelt werden kann.

Die Geschäftsidee wartet auf einen Unterstützer

Sie sind ein jung gebliebener, dynamischer, kreativer Mensch, haben eine innovative Geschäftsidee, wollen ein Start-Up gründen, aber … es fehlen Ihnen die finanziellen Mittel.

Obwohl Sie von der Tante und den Eltern unterstützt werden, klafft eine immense finanzielle Lücke, um auch nur im Ansatz aktiv werden zu können.

Der Ansprechpartner Ihrer Hausbank hat auch schon freundlich abgewinkt.

Ihm gefällt Ihre Idee sehr gut, aber – es fehlen leider, wirklich leider die Sicherheiten für ein Darlehen.

Was tun?

Erwartungen des Wagniskapitalgebers

Glücklicherweise gibt es die Wagniskapitalgeber, die nur darauf warten, Ihr Geld in eine erfolgversprechende Idee zu investieren. Spezielle Foren und Agenturen regeln die Kontaktaufnahme.

Ihnen ist bewusst, dass Sie nicht der Einzige sind, der mit einer ‚Wahnsinns-Idee' auf den Geldgeber zugeht. Also heißt es: überzeugen!

Dabei stolpern Sie schnell über Begriffe wie Elevator Pitch, Pitch Deck, Storytelling und andere.

Sie wissen, dass Sie Ihren Gesprächspartner in kürzester Zeit menschlich und fachlich überzeugen müssen, dass ein authentisches Auftreten, rhetorische Fitness, deutliche Begeisterung und anderes erwartet werden.

Zeigen Sie Ihre Kreativität, seien Sie etwas verrückt in Ihrer Darstellung, lassen Sie das Feuer der Begeisterung überspringen.

Was einen Start-Up-Gründer ausmacht

Das Handelsblatt hat am 24.08.2015 ein paar lesenswerte Hinweise zum Thema Start-Up gegeben.

Dort wird der Start-Up-Gründer (Start-Upper) als grenzenloser Optimist bezeichnet.

Er ist sehr wendig und sehr schnell in seinen Ideen und Überlegungen, womit er gleichzeitig viel Energie freisetzt und teilweise auch Unruhe in den üblichen Arbeitsablauf bringt.

Überraschenderweise finden sich häufig Männer in einem Start-Up Unternehmen wieder. Trauen sich Frauen diesen Schritt nicht zu?

Vielleicht liegt es daran, dass die Hälfte aller Start-Ups in den ersten fünf Jahren wieder pleitegehen?

Positiv ausgedrückt heißt das aber auch, dass sich jedes zweite Unternehmen erfolgreich etablieren kann.

Die Einhörner – The Unicorn List

Die oben genannte Quelle gibt (2016) an, dass 174 Start-ups (im Vorjahr 131) weltweit Mitglied im ‚Club der Unicorns‘ sind, dem ‚Club der Einhörner‘ – Firmen, die mit über einer Milliarde Dollar bewertet sind.

Den 1. Platz nahm 2016 Uber ein, das Transport-Service-Unternehmen aus Kalifornien – Tendenz der Liste: steigend.

Und wenn es tröstet: In fast jedem vierten Start-up Unternehmen ist ein Kicker aufgebaut. Vielleicht hilft der, den Frust abzubauen.

Elevator Pitch – Flink denken

„Na, junger Mann, wie können wir denn Ihrer Meinung nach das anstehende Problem in den Griff kriegen?"

So fragt der Vorstand den ‚kleinen' Mitarbeiter, der zufälligerweise in derselben Aufzugkabine nach oben fährt.

Das ist die Chance für ihn.

Sprachlos?

Zuerst einmal wird die oft peinlich entstehende Sprachlosigkeit während einer Aufzugfahrt umgangen und vor allem hat der bis dato eher unbekannte Mitarbeiter die einzigartige Möglichkeit, seine Meinung und seine Ideen vorzutragen. Aber aufgepasst: die Aufzugfahrt währt nicht lange. Es sind nur wenige Sekunden. Wenige Sekunden, in denen der Vorgesetzte überzeugt werden kann.

Idealerweise endet die gemeinsame Aufzugfahrt so, dass der Vorstand zum Mitarbeiter sagt: „Lassen Sie sich mal von meinem Assistenten einen Termin geben. Über Ihre Idee sollten wir uns austauschen." Toi, toi, toi, lieber Mitarbeiter. Wir drücken die Daumen. Da kann sich eine echte Chance für Ihre berufliche Karriere entwickeln.

Die Wirtschaft im Aufschwung

Elevator heißt Aufzug. Weshalb wird von einem Aufzug Pitch, einem Elevator Pitch gesprochen?

Lassen Sie uns gedanklich in die USA der vergangenen Jahre gehen. Wir befinden uns dort in einer prosperierenden Stadt; der wirtschaftliche Aufschwung ist überall sichtbar und greifbar. Geschäfte florieren, die Wirtschaft boomt. Riesenhafte Wolkenkratzer schießen in den Himmel. Sie symbolisieren das Wachstum der Gesellschaft, der Wirtschaft und damit des Umsatzes. Makellos im Business-Outfit gekleidete Menschen eilen eifrig von A nach B, um wichtige Geschäfte abzuwickeln. Aus Geld soll noch mehr Geld werden.

Die großen Häuser strahlen eine unglaubliche Macht aus. Das Empire State Building in New York war mit seinen 381 m Höhe (bis zur Spitze der Antenne 443 m) viele Jahre das höchste Gebäude der Welt.

Nur durch die Erfindung von Aufzügen war es überhaupt möglich, Wohn- und Geschäftsräume in diese Höhe mit immerhin 102 Etagen steigen zu lassen. In diesem Gebäude befinden sich stolze 73 Aufzüge. Angeblich arbeiten dort etwa 25.000 Menschen und 10.000 leben ständig dort. Das macht zusammen 35.000 Menschen und entspricht der Einwohnerzahl einer mittelgroßen Stadt. Jeden Tag neue Gesichter, andere Menschen, die um einen herumwuseln. Tatsächlich eine Stadt für sich.

Die Fahrt im Aufzug

Und nun schauen wir uns Herrn Thomas Frisch an. Er ist Beschäftigter in einem Unternehmen, das mehrere Büros auf drei Etagen des Gebäudes gemietet hat. Sein Büro befindet sich in der 75. Etage. Jeden Morgen nimmt er einen der Aufzüge, um dorthin zu gelangen. Meistens sind die Kabinen gut gefüllt; allerdings beachten sich die Menschen in der Aufzugkabine nicht. Jeder geht seinen eigenen Gedanken nach.

Heute ist es hingegen anders. Eine kleine Gruppe seriös gekleideter Herren betritt mit Herrn Frisch dieselbe Aufzugkabine. Schnell stellt sich heraus, dass die Herren dem Vorstand angehören.

Zu Herrn Frischs Überraschung erkennt ihn einer der Herren, der sich zu ihm wendet und fragt: „Na, was meinen Sie, wie können wir denn Ihrer Meinung nach die anstehende Herausforderung mit unseren Mitbewerbern aus Europa in den Griff bekommen?" Herr Frisch traut seinen Ohren nicht. Wurde tatsächlich er angesprochen? Ausgerechnet er, der kleine Herr Frisch?

Natürlich hatte sich Thomas Frisch schon lange Gedanken gemacht, wie das Unternehmen handeln müsste, um im globalen Wettbewerb bestehen zu können. Tja, wäre er Chef, dann würde er dies und das tun. Solche Gedanken hatte er schon hin und wieder spielerisch durchlebt. Aber er ist ja nun mal nicht der Chef.

Und nun wird er gefragt. Und zwar von einem der höchsten Vorgesetzten.

Herr Frisch reagiert richtig. Er nimmt Haltung an, schaut dem Fragenden direkt in die Augen, spricht mit klarer Stimme und erklärt mit klaren, logisch aufgebauten Sätzen, wie er das ‚Problem' anginge. Während seiner Äußerungen ist ihm deutlich bewusst, dass die Aufzugfahrt in den 75. Stock gerade mal eine Minute dauert, wenn überhaupt. Der Vorstand hat seine Büros zwei Etagen höher.

Herr Frisch sieht, wie der Vorstand die gehörte Aussage zu durchdenken scheint. Zu seiner Überraschung wird er gebeten, Kontakt mit der Assistenz des Vorstands aufzunehmen, um seine Idee in einem tiefergehenden Austausch darstellen zu können.

Der 75. Stock ist erreicht. Die Kabinentür öffnet sich. Herr Frisch verlässt die Kabine mit einem einerseits berauschenden Gefühl, andererseits ist ihm schon etwas mulmig, dass ausgerechnet er zu so einem intensiveren Gespräch gebeten wurde.

Geschafft!

Herr Frisch darf stolz auf sich sein. Er hat es geschafft, in gerade mal 1 Minute seinen Gesprächspartner zu überzeugen. So weit zu überzeugen, dass dieser ihn auf ein weiteres Gespräch eingeladen hat.

Diese Geschichte (ob sie sich jemals so zugetragen hat weiß natürlich keiner ganz genau, und unser Herr Frisch ist natürlich frei erfunden) begründete den Mythos um den sogenannten Elevator Pitch.

Die Bezeichnung Elevator Pitch entstand Mitte der 1980er Jahre in den USA. Sie drückt aus, dass einem (potentiellen) Geschäftspartner das Wichtigste einer Geschäftsidee in kürzester Zeit dargestellt wird.

So, wie es Herrn Frisch gelungen ist, in nur 1 Minute, eine Idee überzeugend zu verkaufen.

Natürlich kommt es in der Praxis nicht immer und nur auf exakt 1 Minute an. In Pitch-Präsentationen sehr wohl.

In Trainings kann auf dieses relativ kurze Zeitfenster hinge-arbeitet werden.

Es mag Sie überraschen, wie kurz auf der einen Seite 1 Mi-nute ist.

Andererseits ist sie wieder lang genug, um einen Gedanken sauber formuliert und mit passenden Argumenten unterlegt, mitteilen zu können.

Eine Sache lang und breit erklären ist keine Kunst. Die rhe-torische Leistung besteht darin, Unwichtiges wegzulassen und Wichtiges konzentriert hervorzuheben.

Pitch Skills

Der Elevator Pitch, der Match Pitch wie auch der Sales Pitch gehören zu der Gruppe der Pitch Skills.

Das lässt sich frei übersetzen mit der Fähigkeit, gute Ver-kaufs- und Überzeugungspräsentationen zu halten.

Match Pitch – der Streichholz Pitch

Die Präsentation dauert bei einem Match Pitch genauso lange, wie ein Streichholz benötigt, um abzubrennen.

High Concept Pitch

Hier wird die Geschäftsidee in nur einem Satz formuliert. In nur einem Satz! Das können Sie spaßeshalber versuchen. Eine komplette Idee in nur einem Satz unterzubringen muss gar nicht so schwierig sein.

Eine Minute, um zu überzeugen

Genau das sagt der Elevator Pitch aus. Nämlich: Jemand hat eine Minute Zeit, einen anderen, sei es den Vorgesetzten oder einen Geldgeber, von der Einzigartigkeit einer Idee zu überzeugen.

Wie ist es möglich, jemanden in kurzer Zeit, nicht länger als in einer Minute, zu überzeugen?

Start-Up Pitch

Nehmen wir als Beispiel Sie. Sie haben eine ganz tolle Geschäftsidee entwickelt. Sie wollen ein Start-Up gründen. Sie sind felsenfest davon überzeugt, dass diese Geschäftsidee einschlagen und entsprechend Umsatz schaffen wird.

Um ihre innovative Geschäftsidee zu realisieren, benötigen Sie Startkapital. Das haben sie aber nicht.

Sie können auf Erspartes zurückgreifen, das aber gerade mal einen vierstelligen Euro-Betrag ausmachen würde. Das langt bei weitem nicht, ihre Idee zu realisieren.

Ein Start-Up gründen – Einen Wagniskapitalgeber suchen und finden

Der Weg zur Hausbank und das Gespräch mit dem dort Verantwortlichen zeigte sich sehr ernüchternd. Da Sie keine Sicherheiten bieten können (woher auch?), ist der Bank das Risiko viel zu hoch, ein notwendiges Darlehen zur Verfügung zu stellen.

Ist somit die Idee gestorben? Nein. Sie wollen unbedingt Ihre Idee in Form eines Start-Up-Unternehmens auf den Markt bringen. Also brauchen Sie einen anderen Geldgeber. Hier kommt der Wagniskapitalgeber ins Spiel.

Der ist erfolgreich, hat gegebenenfalls selbst schon mehrere Unternehmen gegründet und mit Gewinn veräußert, sodass er nun sein Kapital in geldbringende Geschäftsideen investieren kann.

Er freut sich darüber, auf Menschen zu treffen, die anders denken und demnach auch andere innovative Ideen aufbringen.

Aufgepasst: Mitbewerber sind Konkurrenten

Kommt nun der Geldgeber mit Ihnen zusammen, haben Sie die Möglichkeit, ihn zu überzeugen, in Ihr Start-Up-Unternehmen zu investieren.

Dabei muss Ihnen klar sein, dass der Geldgeber verständlicherweise mehrere Bewerber anhören will, um sich die Geschäftsidee auszusuchen, in die er investieren will.

Er will sein Geld ja nicht zum Fenster rauswerfen, sondern hofft und baut darauf, dass in überschaubarer Zeit die Geschäftsidee realisiert wird und Geld abwirft.

Und zwar Geld, von dem auch er profitiert. Dann haben sich seine Investitionen amortisiert und rentiert.

Vorbereitung auf das Treffen

Sie tun gut daran, sich im Vorfeld sehr gut zu überlegen, wie Sie beim Treffen auftreten werden. Selbstverständlich müssen Sie nicht nur menschlich überzeugen, sondern Ihr Wissen ebenso überzeugend präsentieren.

Dabei handeln Sie gut, wenn Sie alle Sinne ansprechen, die Zielgruppe genau definieren können und eine relativ klare Vorstellung der Realisierung Ihrer Geschäftsidee haben.

Malen Sie sich im Vorfeld aus, wie das Treffen aussehen könnte. Durchdenken Sie verschiedene Varianten.

Je besser Sie mental vorbereitet sind, desto eher wird Ihnen das ‚eigentliche' Gespräch gut gelingen.

Sales Pitch – Überzeugung des Endverbrauchers

Neben dem Elevator Pitch und ähnlichem gibt es noch den klassischen Sales Pitch, den Agentur Pitch und den Investoren Pitch.

Gehen wir davon aus, dass Sie mit Ihrer Idee erfolgreich waren. Sie haben einen Geldgeber gefunden, der nun darauf baut, dass Sie Ihre Idee im neu gegründeten Start-Up erfolgreich und gewinnbringend umsetzen. Die Idee allein genügt natürlich noch nicht, um Geld zu machen. Es müssen Kunden gefunden werden, die bereit sind für eine Leistung oder ein Produkt zu zahlen.

Um die Kunden zu überzeugen, wird der Sales Pitch eingesetzt. Im weitesten Sinne kann dieser Begriff als Verkaufsgespräch bezeichnet werden.

Der Sales Pitch läuft erfolgreich, wenn der Kunde überzeugt wurde. Um das zu erreichen, wird bei der Präsentation auf eine gelungene Dramaturgie geachtet, es werden passende und wo möglich auch greifbare Hilfsmittel eingesetzt, sowie auf Kundenbedürfnisse eingegangen.

Die Struktur ist klar erkennbar, Nach- und Vorteile sind dargestellt und vor allem wird zügig auf den ‚Punkt‘ gekommen. Sinnloses Umhergeschwafel verbraucht unnötigerweise die Zeit des Kunden wie auch des Anbieters. Das langweilt nicht nur, sondern ist verkaufshemmend oder sogar verkaufstötend.

Kritische Rückfragen

Der Kunde will überzeugt werden, er muss sicher sein, dass die angebotene Leistung beziehungsweise das angebotene Produkt für ihn einen Mehrwert erzeugt. Ganz sicher wird er nicht nur kaufen, weil der Verkäufer begeistert ist. Er muss auf seinen eigenen Vorteil achten. Deshalb wird er kritisch zuhören und schauen, ob er Schwachstellen in der Präsentation erkennt.

Sie sollten in Ihrem Sales Pitch deshalb damit rechnen, dass kritische Rückfragen erfolgen. Wissend, dass diese kritischen Rückfragen erlaubt und auch notwendig für den Kunden sind, um Unklarheiten auszuräumen, dürfen Sie sich durch diese Fragen nicht irritieren lassen. Deshalb sollten Sie vorher trainieren, wie Sie seriös reagieren können, ohne Ihren ‚roten‘ Präsentation-Faden zu verlieren.

Einwandbehandlung

Eine noch größere Herausforderung wird es werden, wenn Sie mit Einwänden konfrontiert werden. Selbst bei allerbester Vorbereitung kann es sein, dass irgendein Aspekt von Ihnen im Vorfeld nicht durchdacht wurde. Wenn Sie nun unprofessionell reagieren, kann das Verkaufsgespräch schnell zu Ihrem Nachteil kippen.

So gilt auch hier, dass Sie im Vorfeld trainieren, mit welcher professionellen Einwandbehandlung Sie die Bedenken des Kunden aushebeln können. Wenn Sie es schaffen, souverän mit diesen Einwänden umzugehen, sind Sie wieder einen großen Schritt weiter, das Verkaufsgespräch erfolgreich abzuschließen.

Im zweiten Teil gehen wir auf die Technik der Einwandbehandlung ein.

Speed Pitching Session

In diesem Zusammenhang wird auf eine Veranstaltungsart hingewiesen, in der mehrere Start-Upper beziehungsweise Gründer die Möglichkeit haben, in wenigen Minuten hintereinander denselben Geldgebern ihre Geschäftsidee vorzustellen. Das sind die sogenannten Speed Pitching Sessions.

Informieren Sie sich vorher, wie viele Minuten Sie für Ihre Präsentation einplanen dürfen. Hier wird häufig auch von einem Speed Pitch gesprochen, einem Geschwindigkeits-Pitch.

Die Geldgeber wollen in überschaubarer Zeit möglichst vielen Start-Uppern die Möglichkeit geben, ihre Ideen zu präsentieren. So ist es denkbar, dass jeweils im Abstand von nur einer Minute ein Start-Upper die Bühne betritt – manchmal durch eine nachgestellte Aufzugtür, die an den Elevator-Pitch erinnern soll. Nach einer Minute kündigt ein Gong den nächsten Kandidaten an. Die Bühne muss freigegeben werden.

Nach 20 Minuten haben sich 20 Start-Upper beziehungsweise Unternehmens-Gründer vorgestellt. Nun beginnt das Networking. Hoffentlich erinnern sich die Geldgeber noch, wer was sagte.

Falls Sie bei solch einer Veranstaltung mitmachen sollten, tun Sie gut daran eine Präsentation zu halten, die unvergessen bleibt.

Feedback und Austausch direkt

In anderen Veranstaltungen wird nach der Präsentation direkt ein Austausch erfolgen. Der Start-Upper hat dann die Chance, auf Rückfragen gezielt und vor allem direkt antworten zu können.

Bei dieser Vorgehensweise spielt ein wenig das Glück mit, ob Sie als erster oder gar als letzter aller Kandidaten aufgerufen werden. Vielleicht ist dann alles Geld bereits vergeben?

Pecha Kucha – nur 20 Sekunden

Eine besondere Variante der Produktpräsentation ist der Pecha Kucha (auch Petscha-Kutscha). Hierbei handelt es sich um eine kurzweilige Produktpräsentation vor größerer beziehungsweise sehr großer Zuschauerzahl. Diese Art der Präsentation entstand in Japan. Dort bedeutet Pecha Kucha ungefähr so viel wie ,wirres Geplauder'. Es handelt sich hierbei um einen lautmalerischen Begriff. Wenn Sie Pecha Kucha japanisch aussprechen, hört sich das an wie das Geräusch, wenn mehrere Menschen gleichzeitig miteinander plaudern.

Die beiden ,Erfinder' dieser Art der Produktpräsentation sind die Architekten Astrid Klein (*1951) und ihr Partner Mark Dytham, die diese Idee erstmals 2003 in Tokio umsetzten.

Was ist der Unterschied zu einem Pitch Deck?

Mittlerweile ärgern sich viele Zuhörer in Verkaufs-Veranstaltungen oder Verkaufs-Präsentationen immer häufiger über die immer wieder gleichartigen Darstellungen mithilfe von PowerPoint. Sehr oft sind diese unprofessionell gestaltet und erzeugen eine lähmende Langeweile. Dem Foliensatz (Pitch Deck) ist viel mehr Aufmerksamkeit zu widmen.

400 Sekunden

Um diesen Effekt zu umgehen, wurde der Pecha Kucha erfunden. Die Vorgehensweise ist genau festgelegt. Die maximale Sprechzeit ist auf 6 Minuten und 40 Sekunden definiert, zusammen 400 Sekunden. In dieser Zeit dürfen genau 20 Folien eingesetzt werden. Jede Folie ist genau 20 Sekunden sichtbar. Das bedeutet, dass die Präsentation sehr gut auf die Folien abgestimmt werden muss, da alle 20 Sekunden ,automatisch' die nächste Folie aufleuchtet.

Pecha Kucha Night

Dieser genau abgestimmte zeitliche Rahmen schafft problemlos die Möglichkeit, mehrere Präsentationen im zeitlich gleichen Umfang hintereinander durchzuführen. Somit wird mehreren Unternehmen beziehungsweise Teams die Möglichkeit gegeben, ihre Ideen in überschaubarer Zeit demselben Publikum professionell darzustellen.

Wird so verfahren, wird von einer Pecha Kucha Nacht gesprochen (PKN, Pecha Kucha Night).

Das Besondere an den Folien ist, dass sie nur Bildmaterial verwenden; genauer gesagt ein Bild pro Folie. Text ist hierbei nicht erlaubt, genauso wenig wie Diagramme, Grafiken, Tabellen oder Vergleichbares.

„Wie gestalte ich einen guten Pecha Kucha?"

In einem typischen Vortrag steht der Vortragende deutlich im Mittelpunkt. Hilfsmittel und Folien unterstützen die Rede. Bei einem Pecha Kucha ist die Gewichtung verschieden. Die Bilder auf den Folien dominieren deutlich. Deshalb werden wir jetzt das Augenmerk auf die Bilder und anschließend auf den Präsentierenden lenken.

Die Bild-Folien

Auf jeder der 20 Folien ist nur ein Bild erfasst. Möglichst im Mittelpunkt des jeweiligen Bildes steht das Objekt, worum es geht beziehungsweise worüber geredet wird. Das Bild darf nicht überladen wirken oder den Zuschauer verwirren. Dieser muss sofort erfassen, worum es geht. Bedenken Sie, dass der Zuschauer das Bild nur 20 Sekunden sehen kann.

Wählen Sie gezielt Bilder, die aussagekräftig zum gesprochenen Text passen. Wird das Bild nicht sofort erfasst, wird der Zuschauer von dem, was Sie gerade sagen abgelenkt.

Nicht jeder Zuschauer hat Augen wie ein Adler. Berücksichtigen Sie das bei der Auswahl Ihrer Bilder. Diese müssen auch noch bei größter Distanz im Raum einwandfrei und sofort erkennbar sein. Wählen Sie weiterhin Fotomaterial aus, das in der notwendigen guten Auflösung vorhanden ist. Verschwommene Bilder bringen nichts – im Gegenteil – sie machen Ihre Präsentation nur schwach.

Der Präsentierende

Manch einer lässt sich sofort unter Zeitdruck setzen, wenn er weiß, dass jede Folie nur 20 Sekunden erscheinen wird. So neigt der Präsentierende dazu, schneller zu reden als üblich. Er wird dadurch gestresster und gegebenenfalls ist er auch weniger gut zu verstehen.

Also: Bewahren Sie einen kühlen Kopf und halten die Sprechgeschwindigkeit angemessen.

Denken Sie daran, dass Ihr Timing absolut stimmen muss. Wenn Sie noch über den Inhalt der Folie A reden, Folie B aber bereits erscheint, stimmt Ihr Zeitmanagement nicht.

Lieber den Text kürzen, um eine klitzekleine Pause zu erzielen, bevor die nächste Folie erscheint. Professionell wirkt es, wenn das Gesprochene fließend ineinander übergeht.

Sprechen Sie frei! Sie überzeugen am besten, wenn Sie sich Notizzettel ersparen. Das wirkt authentischer.

Bleiben Sie während Ihrer Präsentation nicht an derselben Stelle stehen. Bewegen Sie sich auf der Bühne oder Aktionsfläche langsam hin und her.

Halten Sie deutlichen Blickkontakt zum Publikum und versuchen zumindest, so viele Personen wie möglich wenigstens einmal direkt anzuschauen.

Bei einer sehr großen Zuschauerzahl genügt es, in jede Richtung des Zuschauerraums zu schauen, sodass jeder annehmen kann, beachtet und direkt angesprochen zu sein.

Die Stimme

Spielen Sie mit Ihrer Stimme. Vermeiden Sie eine monotone Sprechweise, die einschläfernd auf die Zuschauer wirkt.

Setzen Sie gezielt einmal ein Päuschen ein, dort wo es passt. Zögern Sie nicht, auch bewusst einmal leise zu sprechen oder an einer anderen Stelle deutlich etwas zu betonen oder gar auszurufen. Eine kräftige Stimme vermittelt Selbstbewusstsein.

Achtung: Die Folien-Präsentation und Ihr gesprochener Text sollen eine Einheit bilden.

Der Inhalt

Wie bei den meisten Präsentationen üblich, gibt es eine erkennbare Struktur Ihrer Darstellung. Das heißt, dass Sie nach der Begrüßung in einer Einleitung auf Ihr Thema hinweisen.

Die Struktur zeigt einen Anfang, einen deutlichen Hauptteil und abschließend den Schlussteil mit einer kurzen Zusammenfassung, einer Moral oder am besten einem Appell. Der Appell im übertragenen Sinn bedeutet, dass die Zuschauer aufgerufen werden, Ihr Produkt, Ihre Dienstleistung beziehungsweise Ihre Darstellung zu ‚kaufen'.

Sie sollen überzeugt sein von dem, was Sie vorgetragen haben.

Berücksichtigen Sie, dass auch hier der erste Eindruck überzeugend sein muss. Starten Sie deswegen flott mit Ihrer Präsentation.

Zu Beginn kann gleich ein originelles Zitat stehen, eine kurze, selbst erlebte Geschichte oder eine kleine Anekdote.

Erzählen Sie eine Geschichte (vergleiche Storytelling) und bauen gleichzeitig eine Spannungskurve auf. Sprechen Sie lebhaft und sparen Sie nicht daran, Beispiele einzubringen. So gestalten Sie Ihre Präsentation bildhaft.

Vergessen Sie bei allem nicht, dass es in Ihrer Präsentation eine Kernaussage geben muss. Worum geht es überhaupt? Was wollen Sie erreichen?

Überlegen Sie vorher sehr genau, damit später in Ihrer Präsentation für die Zuhörer einwandfrei und deutlich wird, was Sie überhaupt von ihnen wollen.

Bleiben Sie locker aber trotzdem seriös in Ihrer Präsentation.

Bewegen Sie sich authentisch und zeigen durch Ihre Erscheinung und Ihre Körpersprache, dass Sie sich sehr gut in und mit Ihrer Thematik auskennen und wohlfühlen.

Und ein kleiner Tipp am Ende: Vergessen Sie nicht zu lächeln!

Freuen Sie sich darüber, dass Ihnen die Möglichkeit gegeben wird, in dieser Form Ihre Idee anderen Menschen zu präsentieren.

,Vollstens' überzeugt

Liebe Leserin, lieber Leser, nach dem ersten Teil dieses Handbuchs sollte klar sein, wie ein Gesprächspartner beziehungsweise ein Zuhörer überzeugt und begeistert wird.

Sie haben erkannt, dass Sie selbst von Ihrer eigenen Idee vollstens (erlauben Sie uns die unprofessionelle Steigerung von ,voll') überzeugt sein sollten, um diese ansprechend darstellen zu können.

Und Sie haben gelesen, dass Sie sich selbst als Gewinner sehen sollten, um als ebensolcher auftreten zu können.

Es ist bekannt, dass in unserer Gesellschaft der Beste, der Erste, der Schnellste immer wieder bewundert und gelobt wird. Das heißt gleichzeitig, dass die anderen – und das ist die überwiegende Mehrheit – nicht mehr zu den Besten, Ersten oder Schnellsten zählen.

Wer es schafft, den anderen Menschen ungeachtet seiner Stellung als gleichwertig wertzuschätzen, gerät in die Win-Win-Strategie.

Auch wenn diese in der Praxis immer wieder Herausforderungen stellt, zeigt sie sich am Ende doch als wertvolle Basis der Zusammenarbeit.

Im letzten Schritt wurde anhand des Themas Pitch Skills gezeigt, wie Sie Ihr Projekt auch in begrenzter Zeit anschaulich vermitteln und einen Gesprächspartner oder Geldgeber von Ihrer Idee überzeugen können.

Im Extremfall in nur einer Minute. Auch hier wurde wieder sichtbar, wie wichtig es ist, den anderen überzeugen zu können – und zwar in ,Nullkommanix'.

Das sind bereits eine Menge Überlegungen zum Thema dieses Handbuchs, um in kurzer Zeit erfolgreich und begeistert überzeugen zu können.

Teil 2 – Verständnisvoll und empathisch kommunizieren

Verstehen und verstanden werden

Das Einfühlungsvermögen hilft

Eine Seminareinkäuferin eines großen Unternehmens (sie beauftragte Trainer für interne Trainings der Beschäftigten) berichtete von folgendem Vorkommnis: Sie suchte ein Trainingsinstitut für eine firmeninterne Schulung zum Thema „Kundenwünsche im Verkaufsgespräch ermitteln".

Dazu lud sie das Trainingsteam eines renommierten Anbieters ein. Nach der Begrüßung legten die beiden Trainer los und erklärten eindrucksvoll und detailliert, wie sie die Schulung umsetzen wollten. Nach etwa 35 Minuten Darstellung beendeten sie ihre Präsentation und schauten die Einkäuferin erwartungsvoll an.

Diese holte tief Luft und machte auf das Trainingsziel „Kundenwünsche im Verkaufsgespräch ermitteln" aufmerksam. Dann bemängelte sie, dass sie in den 35 Minuten nicht einmal gefragt worden war, wie _ihre_ Wünsche als Kundin des Trainingsinstituts waren.

Die beiden Trainer schauten einander betroffen an. Sie erkannten, dass sie ihr Ziel – den Seminarauftrag zu erhalten – verfehlt hatten. Und sie hatten Recht. Den Auftrag erhielt ein anderer Anbieter.

Bedürfnisse des Kunden erfassen

Liebe Leserin, lieber Leser, sicherlich haben Sie gemerkt, welchen entscheidenden Fehler die beiden ‚Verkäufer' machten. Sie waren sich ihres Wissens und ihrer Vorgehensweise absolut sicher, bedachten dabei aber nicht, den Wunsch der Kundin zu erfragen. Und das auch noch bei dem vorgegebenen Seminarthema „Kundenwünsche ermitteln".

In Gesprächen ist solch ein Kardinalfehler immer wieder zu beobachten.

Der Verkäufer hängt ein Verkaufsargument an das nächste, ohne sich Gedanken zu machen, was der Kunde tatsächlich will.

Treten Sie in den Verkauf, klären Sie – auch im Laufe des Austausches immer wieder – die Bedürfnisse des Kunden beziehungsweise des Zuhörers, damit Sie zielorientiert und erfolgreich vorgehen können.

Was will der andere?

Na, dann wollen wir mal eine kleine Übung spielen. In diesem Spiel sind Sie Mitarbeiter/in in einem Reisebüro.

Das Reisebüro

Stellen Sie sich vor, Sie sitzen an Ihrem Schalter in Ihrem Reisebüro. Es ist nicht allzu viel zu tun.

Ihr Reisebüro befindet sich in einer mittelmäßig benutzten Fußgängerpassage. Durch das große Schaufenster schauen Sie direkt auf die Fußgängerpassage.

Plötzlich sehen Sie einen – Sie schätzen circa 35-jährigen drahtigen Mann – auf Ihr Reisebüro zueilen.

Er scheint etwas unter Zeitdruck zu stehen. Seine Frisur ist zerzaust, in beiden Händen hält er je eine Tragetasche eines Discounters.

Hinter ihm sehen Sie eine etwa gleichalte Frau, die einen Kinderwagen vor sich herschiebt. Mit einer Hand zerrt sie ein Kleinkind neben sich her. Der junge Mann betritt Ihr Reisebüro.

Ende der gedanklichen Vorstellung.

Die Aufgabe nun: Überlegen Sie bitte, welches Reiseziel für diesen Herrn (Kunden) Ihnen geeignet erscheint. Notieren Sie einen Reiseort, ein Reiseziel und geben Sie gegebenenfalls eine kurze Begründung für Ihre Vorschläge.

Nehmen Sie sich einen Augenblick, bevor Sie weiterarbeiten. Dann bitte erst weiterlesen.

Entscheidung getroffen?

Sie haben sich entschieden? In den Seminaren des Autors kommt als Antwort sehr häufig vor:

> Mallorca, das ist preiswert und nicht weit entfernt. Oder:

> Nord- beziehungsweise Ostsee, weil das Ziel schnell zu erreichen. Oder:

> Ferien auf dem Bauernhof wegen der Kinder.

Viele Ziele dieser oder ähnlicher Art werden vorgeschlagen. Haben auch Sie solch ein Ziel gewählt?

Die Frage: Weshalb haben Sie (und die Teilnehmer in den Seminaren) sich für Ziele dieser Art entschieden? Antwort:

> der Mann scheint gestresst,

> der Mann braucht Ruhe,

> er hat nicht viel Geld (Einkaufstüte Discounter),

> er muss preiswert verreisen wegen der Kinder.

Wegen der Kinder? Welche Kinder? „Ja, die Frau mit dem Kinderwagen und dem Kind …"

Gehört die Frau mit dem Kinderwagen zu diesem Herrn, der das Reisebüro betreten hat? Sie wissen es nicht, es wurde in der Geschichte nicht gesagt. Aber in unserem Kopf bildet sich ein entsprechendes Bild, nämlich das Bild eines Mannes, der gestresst ist, offensichtlich nicht zu viel Geld hat, der wahrscheinlich ein junger Familienvater ist und stressfreie Erholung sucht.

Gedanklich haben wir also bereits die Hand an einem entsprechenden Reisekatalog liegen.

In Wirklichkeit kann es aber sein, dass dieser Mann einen Katalog für eine Kreuzfahrt für seine Mutter besorgen will, die gerade in einem Preisausschreiben einen großen Batzen Geld gewonnen hat.

Oder die ihre Lebensversicherung, die ihr ausgezahlt wurde, verprassen möchte.

Falsche Voraussetzung – falsche Verkaufsempfehlung

Mit dieser kleinen Übung sollten Sie erkannt haben, wie schnell ein Bild entsteht, das mit der Realität nur bedingt etwas zu tun haben muss.

Unser Gedächtnis unterstützt uns dabei, zu diesem Fehlschluss zu kommen.

Es sucht passende Erklärungen für unsere Wahrnehmungen, sich eine ‚Wahrheit' zu bilden.

Unsere eigenen Erlebnisse, Erfahrungen und Erwartungshaltungen sorgen dafür, eine subjektive Wahrheit entstehen zu lassen, die mit der objektiven Wahrheit nur noch wenig zu tun hat.

Also: Erst den Bedarf des Gegenübers klären – dann verkaufen.

Rhetorik auf ‚allen Ebenen‘

Entscheidend bei der Kommunikation ist, dass nicht etwa das richtig ist, was A sagt, sondern was B versteht. A ist in diesem Fall der Redner, also Sie. B ist der Zuhörer beziehungsweise der Zuschauer.

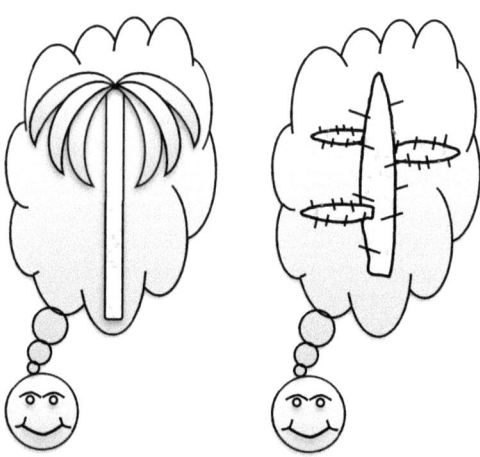

Nichtverstehen versus Empathie

Machen Sie sich bewusst, dass Ihre Idee noch so gut sein kann, aber nicht zum Erfolg führt, wenn Sie Ihr Zuhörer einfach nicht versteht.

Unter ‚Nichtverstehen‘ sind zwei verschiedene Bereiche gemeint. Einerseits kann es sein, dass der Zuhörer Sie akustisch nicht versteht oder Ihre Wörter nicht versteht. Im ersten Falle muss lauter gesprochen werden oder – falls Sie mit Mikrofon arbeiten – dieses optimal eingestellt sein.

Andererseits ist es denkbar, dass in Ihrem Text zu viele Fremd- oder Fachwörter verwendet werden, die dem Zuhörer nicht geläufig sind.

Sie sollten den Zuhörer nicht unterschätzen, machen es ihm aber deutlich einfacher, wenn Sie Ihre Sätze nicht in endlose Schachtelsätze auslaufen lassen. Vermeiden Sie sogenannte Fülllaute wie ‚ähm‘ und vergleichbare.

Der zweite Grund, weshalb der Zuschauer Sie möglicherweise nicht versteht, bezieht sich auf den Inhalt Ihrer Rede, dass er einfach nicht kapiert, was Sie von ihm wollen.

Er selbst fühlt sich von Ihnen nicht verstanden. Möglicherweise hat er das Gefühl, dass Sie ihm eine Sache ‚verkaufen' wollen, die er überhaupt nicht braucht.

Um das zu vermeiden ist es Ihre Aufgabe, im Vorfeld zu überlegen, welche Unterstützung, welche Hilfe beziehungsweise welche Erleichterung Ihr Zuhörer von Ihrem Angebot erwartet.

Wie können Sie ihm helfen? Was ist die Einzigartigkeit Ihres Produktes beziehungsweise Ihrer Leistung, die Ihr Gegenüber ‚unbedingt' braucht?

Schlüpfen Sie sozusagen in den Kopf des Gegenübers und versuchen, dessen Gedankengänge zu erfassen.

In die Gedankenwelt des Gesprächspartners eintauchen

Fachleute reden hier von Empathie. Schaffen Sie es, in die Gedankenwelt des Gegenübers zu schlüpfen, wird von Empathie gesprochen. Empathie ist also die Fähigkeit, nachzuvollziehen, was der andere empfindet.

Das gelingt Ihnen, wenn Sie sich im Vorfeld deutlich Gedanken über Ihre Zielgruppe machen.

So können Sie beispielsweise überlegen, welche Bedürfnisse Ihr Gegenüber hat.

In der Regel will er einen (finanziellen) Vorteil haben, wenn er sich auf Ihr Angebot einlässt. Das heißt, er erhofft sich Mehrumsatz. Wer will schon Geld für etwas ausgeben wenn er annehmen muss, dass sein Umsatz gleich bleibt oder die Kosten sogar steigen?

Sie sollten sich auch überlegen, weshalb Sie ganz konkret den Gesprächspartner wählen, mit dem Sie zusammentreffen. Wir reden hier von der Zielgruppe. Welchen Vorteil erhofft sich Ihre Zielgruppe von Ihren Ausführungen?

Der Geldgeber will helfen

Davon ausgehend, dass es Ihnen gelingt, Ihren Gesprächspartner von Ihrer Idee zu überzeugen, will dieser natürlich
genau wissen, was Sie ganz konkret von ihm erwarten.

Sollten Sie gefragt werden: „Was kann ich denn jetzt für Sie
tun?" muss Ihnen klar sein, was Sie antworten.

Fangen Sie nicht an herumzustottern oder herumzueiern.
Genau jetzt ist der Moment dem Gesprächspartner zu sagen,
was Sie konkret von ihm erwarten.

Sprechen Sie deshalb klar und überzeugend und vor allen
Dingen offen, sodass Ihr Gesprächspartner auch wirklich
weiß, was er tun kann beziehungsweise soll.

Kritische Einwände nicht als Angriff sehen

Zweifelsohne sind Sie überzeugt von Ihrem Produkt beziehungsweise Ihrer innovativen Idee, die Sie dem Gesprächspartner präsentieren. Gut gelaunt und motiviert treffen Sie zum Gespräch ein und legen los. Geduldig hört Ihr Gesprächspartner zu.

Plötzlich – gemeint ist, für Sie unerwartet – stellt er Ihnen eine Frage. Die Frage klingt in Ihren Ohren kritisch.

Jetzt nicht falsch reagieren.

Seien Sie nicht eingeschnappt oder werden ärgerlich, weil Sie annehmen, dass der andere Sie nicht versteht.

Oder Sie vielleicht sogar meinen, der andere wollte Ihre Idee kaputtmachen.

Begeben Sie sich deshalb nicht direkt in eine Verteidigungshaltung, in der Sie möglicherweise die Fragen als gefühlte Angriffe abprallen lassen wollen.

Natürlich lässt sich nicht ausschließen, dass es Situationen gibt, in denen beispielsweise aufgrund gegenseitiger Antipathie eine ‚kritische' Stimmung entstehen kann. Höchstwahrscheinlich wird es dann auch nicht zu einem gemeinsamen Abschluss kommen. Wir können so etwas aber als Ausnahme betrachten. Und weshalb?

Rückfragen sind korrekt und erwünscht

Rückfragen, auch wenn sie kritisch erscheinen, sind selbstverständlich absolut korrekt.

Jeder, also auch Ihr potentieller Geldgeber, hat das Recht, um nicht zu sagen die Pflicht, sich genau zu informieren, was Sie bieten können.

Er will sein Geld schließlich gewinnbringend investieren.

Betrachten Sie Einwände deswegen positiv. Sehen Sie sie als Möglichkeit, Ihre Ideen präziser oder aus einem anderen Blickwinkel darzustellen.

Genau genommen gibt die Rückfrage Ihnen die Möglichkeit, bereits Erwähntes mit anderen Worten zu wiederholen oder auf Details einzugehen.

Reaktion auf Nachfragen

Als erstes gilt, dass Sie ruhig bleiben. Antworten Sie nicht sofort und unüberlegt, denn in dieser kleinen stressigen Situation kann es sein, dass Sie sich unklug verhalten oder etwas Falsches sagen. Wie gehen Sie vor?

Nonverbale Zustimmung signalisieren

Schauen Sie Ihren Gesprächspartner an. Nehmen Sie deutlich Blickkontakt auf. Das signalisiert Stärke und Sicherheit.

Sollten Sie den Blickkontakt meiden, gar nach unten schauen und den Kopf senken, geben Sie körpersprachlich negative oder schwache Signale ab, so, als hätten Sie etwas zu verbergen oder es wäre Ihnen unangenehm, über das angesprochene Thema zu sprechen.

Geschickte Gesprächspartner signalisieren erst einmal nonverbale Zustimmung zur gestellten Frage. Beispielsweise nicken sie oder lächeln den Gesprächspartner an. Wir können diese Vorgehensweise als psychologischen Trick bezeichnen.

Da Ihr Gesprächspartner diese Zustimmung spürt, fühlt er sich nicht angegriffen. Seine erhöhte Aufmerksamkeit lässt sofort nach, da er von Ihrer Seite keinen Angriff fürchten muss. Die Situation bleibt angenehm und positiv.

Verbale Zustimmung aussprechen

Alles bisher Geschehene lief ohne gesprochene Wörter. Wir befinden uns in der nicht gesprochenen, der nonverbalen Kommunikation. Nun wechseln wir in den verbalen Bereich.

Antworten Sie in kurzen Sätzen. Sie lassen sich schneller formulieren als lange mit Nebensätzen gespickte Ausführungen. Viele sagen nun: „Ja, aber …" Das ,Ja' drückt die Zustimmung aus, ist demnach positiv zu bewerten. Schon folgt eine Einschränkung in Form von ,aber'.

Rechtfertigungen vermeiden

Dummerweise folgt nun sehr oft eine Rechtfertigung. Die Rechtfertigung selbst öffnet sofort erneut die Möglichkeit, eine kritische Rückfrage zu stellen. Wenn Sie diese Argumentationsstrategie einnehmen, befinden Sie sich auf einem Verlierer-Weg.

Sie kommen immer mehr von Ihrem Gedanken und roten Faden ab und verzetteln sich in Kleinigkeiten.

Deshalb ist es besser zu antworten: „Ja, und deshalb ..." Im Gegensatz zum oben geäußerten ‚aber' folgt hier ein ‚deshalb'. Dieses Wort läutet eine Erklärung ein.

Eine Erklärung ist etwas anderes als eine Rechtfertigung. Sie können ein plausibles Argument anhängen. Sie sind nicht auf dem Verlierer–Weg, sondern auf dem Gewinner-Pfad. Und nur, weil sie ein Wort gegen ein anderes austauschen.

Vergleichbar verhält es sich mit einer Antwort wie: „Das ist ein interessanter Aspekt, aber ..." Besser: „Das ist ein interessanter Aspekt, und deswegen ..."

Unklarheiten klären

Sollten Sie eine Rückfrage oder einen Einwand nicht verstehen oder nicht wissen, was tatsächlich gefragt ist, scheuen Sie nicht um Klärung zu bitten.

Beispielsweise: „Ja. Was verstehen Sie unter ..." Passen Sie dabei auf, dass Ihre Stimme nicht aggressiv wirkt.

Unterliegt Ihr Gesprächspartner einem Irrtum, heben Sie diesen hervor, suchen aber gleichzeitig nach Gemeinsamkeiten. Schließlich wollen Sie einander verstehen und miteinander, nicht aber gegeneinander, arbeiten.

Den Gesprächspartner wirklich verstehen

Versetzen Sie sich während des Dialogs immer wieder in die Lage des Gesprächspartners.

Nehmen Sie aktiv wahr. Worum geht es Ihrem Gegenüber? Was interessiert ihn besonders? Wo zeigt er Unsicherheiten? Wobei können Sie ihm helfen?

Setzen Sie auch hier Ihre Empathie ein und hinterfragen sich gedanklich, weshalb diese oder jene Frage gestellt wurde.

Hat er einfach nicht verstanden oder haben Sie sich unklar ausgedrückt?

Zeigt Ihr Gesprächspartner Bedenken oder gar Angst? Dann nehmen Sie ihm jegliche Furcht.

Authentische Umsetzung

Bleiben Sie authentisch bei allem, was Sie sagen. Damit ist gemeint, dass Sie sich nicht verstellen, geschweige denn etwas vorlügen.

Jedem ist wohl klar, dass in solchen Momenten die meisten Menschen nervöser sind als üblich. Das ist keine Schande, das ist menschlich. Die Unwahrheit sagen gehört allerdings nicht dazu.

Bedenken Sie, dass der erste Eindruck eine immense Bedeutung und einen entscheidenden Einfluss auf den Verlauf und das Ergebnis Ihres Gesprächs hat.

Eines Ihrer Ziele sollte in diesem Zusammenhang auch sein, die Basis für eine langfristige Zusammenarbeit aufzubauen. Dazu braucht es Ehrlichkeit und Vertrauen.

Lügen erweisen sich über kurz oder lang als kontraproduktiv.

Vorteile unterstreichen

Berücksichtigen Sie bei Ihrer Vorbereitung auf das Gespräch, dass jeder Mensch nur eine gewisse Zeit volle Aufmerksamkeit investieren kann.

Monotones, langweiliges, unsicheres, stotterndes oder unvorbereitet wirkendes Auftreten führt mit großer Wahrscheinlichkeit zu einem negativen Ergebnis.

Damit ist gemeint, es kommt nicht zu einem Abschluss, in diesem Fall zu keiner finanziellen Unterstützung.

In kürzester Zeit machen Sie auf die Vorteile Ihrer neuartigen Idee aufmerksam. Für Ihren Zuhörer muss ganz schnell klar werden, was das Besondere Ihres Vorschlags ist. Bieten Sie Lösungen an und stellen dar, wie ein Mehrwert entsteht.

Am Ende des Gesprächs muss unmissverständlich und eindeutig sein, was Sie anbieten und was neu dabei ist.

Es hilft, wenn Sie erklären können, woher Sie Ihre Erfahrungen ziehen und weshalb gerade Sie geeignet sind, Ihre Idee zu verwirklichen.

Das Alleinstellungsmerkmal – Unique Selling Proposition

Fachleute haben auch hier wieder einen schönen Begriff gefunden, nämlich die ‚Unique Selling
Proposition‘, abgekürzt USP
auch: Unique Selling Point), die
wir als Alleinstellungsmerkmal
bezeichnen können.

Wenn Sie etwas anbieten, was zig andere vor Ihnen auch
schon angeboten haben, sind Sie fehl am Platz.

Ihr Gesprächspartner wird nicht in Ihre Idee investieren. Er
muss erkennen, was neuartig und einzigartig an Ihrer Idee
ist.

Stellen Sie deshalb das Alleinstellungsmerkmal sehr deutlich
im Gespräch heraus.

Machen Sie ebenso deutlich, wodurch Sie sich von Ihrem
Mitbewerber unterscheiden, falls es einen solchen Mitbewer-
ber überhaupt gibt. Zeigen Sie Profil, indem Sie aus der
Masse ragen.

Bereits Vorhandenes stellt logischerweise weder Kreatives
noch Innovatives dar. Das lockt den Geldgeber nicht ‚hinter
dem Ofen‘ vor. Er wartet auf Neuartiges, das den Markt er-
obern kann.

Das rhetorische Auftreten

Dass Sie selbstbewusst und authentisch auftreten sollen,
wurde bereits betont. Zeigen Sie Begeisterung von Ihrer eigenen Geschäfts-Idee. Stellen Sie dar, welche Überlegungen
Sie dazu brachten, um auf diese Idee zu kommen.

Seien Sie nicht nur begeistert von Ihrer Idee, sondern versprühen Sie rhetorisches Feuer.

Verfallen Sie bei Ihrer Präsentation um Himmelswillen nicht
in allgemeine Floskeln oder in Slogans, die aus Werbetexten
bekannt sind.

Sprechen Sie lieber alle fünf Sinne des Zuhörers an. Sprechen Sie in Bildern, zeigen Sie Vergleiche auf und arbeiten
Sie mit passenden Metaphern.

Das menschliche Auftreten

Der Gesprächspartner wird ungern jemandem zustimmen, gegen den er eine menschliche Abneigung empfindet.

Er muss es gar nicht an konkreten und erkennbaren Dingen messen können.

Manchmal ist es nur ,so ein Gefühl'. Dann haben Sie Pech gehabt.

Damit das möglichst nicht passiert, zeigen Sie sich von Ihrer angenehmen Art. Bleiben Sie charmant aber nicht unterwürfig oder schleimig.

Machen Sie sich – im Sinne der geschäftlichen Zusammenarbeit – begehrenswert. Bauen Sie eine positive Gesprächsatmosphäre auf, sodass Sie sympathisch wirken.

Vergessen Sie nicht: Sie haben etwas zu bieten, was der andere nicht hat. Wenn der andere Sie finanziell unterstützt, profitieren beide davon.

Wir sprechen dann von der oben erwähnten Win-Win-Situation. Beide haben gewonnen.

Kleidung

Kleiden Sie sich dementsprechend sauber, Ihrem Stil entsprechend und passend zu Ihrem Produkt.

Treten Sie ausgeruht und vorbereitet auf. Schließlich geht es um etwas!

Rhetorisch ungeschickte Wörter durch sinnvolle ersetzen

Manch einer scheiterte daran, seine sehr guten Ideen überzeugend zu verkaufen, weil er in seinem Text viele schwammige Wörter oder gar Wörter mit negativer Bedeutung verwendet hat.

Das muss nicht sein. Im Folgenden zeigen wir häufig verwendete Wörter, die sich rhetorisch problemlos ersetzen lassen.

Das diplomatisch starke aber rhetorisch schwache „man/frau"

„Man weiß ja, wie schwierig es ist, …" Wer ist man? Wird hier für die Anonymität gesprochen? Besser: „Der Betreffende …" oder „Ich …" oder „Sie …"

Die Möglichkeitsformen „sollte, könnte, müsste"

„Hätte, hätte, Fahrradkette." Kennen Sie diesen Spruch? Jemand wählte in einer Aussage das Wort ‚hätte'. Der Gesprächspartner zeigt mit dieser Reaktion, dass die Aussage keinen Schritt weiterbringt, da ja in einer Möglichkeitsform der Vergangenheit gesprochen wird und nun die Realität ansteht.

„Sie sollten was tun." Sollten heißt nicht, dass der Betreffende es wirklich tun wird. Die anscheinend höfliche Form soll niemandem wehtun. Sie ist im Dialog aber nicht unbedingt im Sinne der Zielorientierung förderlich. Besser: „Entscheiden Sie bitte."

Das in den Gegensatz drehende „eigentlich"

„Eigentlich finde ich das gut." Aber nur eigentlich. ‚Eigentlich' bedeutet ‚eigentlich nicht'. Das Wort ‚eigentlich' stellt eine Einschränkung dar, lässt also dem Sprecher noch ein Hintertürchen offen. In den meisten Fällen kann das Wort ‚eigentlich' ersatzlos gestrichen werden. Besser: „Ich finde die Idee gut."

Ausnahme zur passenden Benutzung des Wortes: ‚Im eigentlichen Sinne'.

Das unterbrechende „halt"

„Schauen Sie halt mal nach." Weswegen halt?

Besser: „Schauen Sie bitte nach."

Das lockere „eben, eben mal"

„Betrachten Sie eben mal das Handout." ‚Eben mal' scheint eine kurze Zeitspanne zu signalisieren.

Es wird demnach nicht viel Zeit in Anspruch nehmen, in die Unterlagen zu sehen.

Besser: „Betrachten Sie bitte jetzt das Handout."

Das sich quälende „irgendwie, irgendwann, ir-gendwo"

„Irgendwie erscheint mir das unangenehm." Besser: „Mir erscheint das unangenehm."

Das einleitende „also, so"

„Also lassen Sie uns weiterfahren." Das Wort ‚also' zu Beginn eines Satzes scheint einen logischen Aufbau im Dialog fortzuführen.

Tatsächlich lässt sich meistens der Satz im selben Sinne ohne dieses Wort bilden.

Besser: „Lassen Sie uns fortfahren."

Die affektive Bedeutung eines Wortes

Unter affektiver Bedeutung eines Wortes wird die emotionale Reaktion bezeichnet, die das Wort nach sich zieht.

Wörter lösen Gefühle aus

Natürlich ist kein Wort ‚schlecht' oder ‚gut'. Allerdings beeinflussen Wörter den Zuhörer.

Manche Wörter werden als ‚ungut' abgelegt (zum Beispiel das Wort Körpergeruch), andere Wörter erzeugen eher einen angenehmen Effekt (wie das Wort Duft).

In einem Überzeugungsgespräch muss nicht nur die Struktur stimmig sein, das Ziel genannt werden und die Wortwahl vernünftig gewählt sein, sondern auch eine gute Stimmung erzeugt werden.

Das erreicht selbstverständlich auch der Präsentierende durch sein menschliches und authentisches Auftreten.

Ein wenig Psychologie kann hier helfen, noch besser und überzeugender dazustehen. Nämlich mithilfe gezielt gewählter Wörter, die passend und fließend in die Präsentation eingefügt werden.

Angenehmes und wohlwollendes Gefühl

Um verständlicher zu machen, was Wörter positiv ausdrücken können, werden hier einige Beispiele genannt.

Es sind Wörter, die bei den meisten Menschen ein angenehmes und wohlwollendes Gefühl auslösen.

Lesen Sie die Wörter oder sprechen Sie sie nach. In wieweit lösen diese Begriffe ein angenehmes Gefühl aus?

Positive Adjektive

Groß, stark, erfolgreich, hübsch, sonnig, farbenfroh, schnell, schmackhaft, glänzend, adrett, zielorientiert, ordentlich, aufgeräumt, pflichtbewusst, dynamisch, mutig, liebenswert, geschmeidig, flink und viele andere mehr.

Positive Verben

Bewegen, erreichen, erhalten, entscheiden, gewinnen, errichten, lachen, ankommen, überraschen, überreichen, würdigen, ehren, auszeichnen, loben, gönnen und viele andere mehr.

Positive Nomen

Ziel, Gewinn, Auszeichnung, Urlaub, Glanz, Sauberkeit, Ruhe, Freude, Neugierde, Erfolg, Feinheit, Eleganz, Übersichtlichkeit, Sonnenschein, Gebirgsgipfel, Genuss und viele andere mehr.

Das ergibt Sinn – mit allen Sinnen arbeiten

Wissen greifbar machen

Max sitzt deprimiert und grübelnd über seinen Hausaufgaben. Er findet „ums Verrecken" nicht den Lösungsweg der Mathematikaufgaben. Resigniert wirft er sein Arbeitsheft in die Ecke und ruft aus: „Ich begreife das einfach nicht!"

Alle Mühen seiner engagierten Mutter, Max die Mathematik näherzubringen und zu erklären, scheitern. Sie rauft sich die Haare. Ist Max denn zu dumm für die Mathematik?

Wir wissen es nicht. Aber wir haben eine Aussage von Max. Er sagte: „Ich begreife das nicht." Damit spricht er das Wort ‚begreifen' aus. Greifen ähnelt den Wörtern anfassen, berühren und anderen.

Was ist diesen Wörtern gemeinsam? Es sind Wörter, die den Tastsinn ansprechen. Mit den Fingern wird gegriffen, angefasst, berührt.

Max verrät uns durch seine Aussage, dass er offensichtlich besser mithilfe des Tastsinns lernt und versteht. Seine Mathematikaufgaben <u>liest</u> er lediglich. Hier wird der Sehsinn aktiv. Was ist mit dem Tastsinn? Nichts – er wird nicht eingesetzt!

Nicht umsonst fällt es Max schwer, die Mathematik zu ‚begreifen' – da gibt es nichts zu greifen. Oder doch?

Äpfel, Birnen und Tortenstücke

Erinnern Sie sich kurz einmal daran, wie Sie Mathematik gelernt haben – ganz, ganz am Anfang.

Da wurden Äpfel und Birnen bemüht und der leckere Kuchen, der in soundso viele Stücke geteilt werden musste, um die liebe zu Besuch weilende Verwandtschaft zu verköstigen. Bei diesen Aufgaben wurde tatsächlich mit dem Tastsinn (und den Geschmackssinn) gearbeitet. Ein Apfel lässt sich anfassen – eine 7 oder eine 9 eher nicht.

Wenn unser Schulsystem dem Schulkind hilft, mit dem Tastsinn die Basis der Mathematik zu erlernen – weshalb erfolgt das im späteren Berufsleben nicht mehr? Ist alles also nur eine Frage der Schulungs- oder Vermittlungstechnik?

Das Kleinkind will die große Welt anfassen

Eltern werden die Beobachtung gemacht haben, dass Kleinstkinder nach allem möglichen greifen. Sie wollen ihre Umwelt begreifen – im wahrsten Sinne des Wortes.

Geht die Mutter mit dem kleinen Kind im Supermarkt einkaufen, hört dieses immer wieder die eher mahnenden Worte: „Nicht anfassen – nur mit den Augen gucken.“

Dem Kind wird tatsächlich abtrainiert, das Neue und Unbekannte zu begreifen.

Zeigen Ihnen diese Vorüberlegungen, dass Ideen einem Gesprächspartner leichter vermittelt werden können, wenn ‚mit allen Sinnen' gearbeitet wird?

Sinnesempfindungen einbringen

Also: Der Eine versteht besser, wenn er etwas sieht, der Andere, wenn er etwas hört und der Dritte, wenn er etwas anfasst.

In der Kommunikation können und sollen alle fünf Sinne eingebunden werden, um das Gesagte besser verständlich zu machen.

Wenn Sie im Gespräch herausfinden, mit welchem der fünf Sinne Ihr Gesprächspartner häufiger argumentiert, wissen Sie, wie er Sie besser verstehen kann.

In diesem Fall können Sie jenen Sinneskanal benutzen, der Ihre Informationen am schnellsten zum Gegenüber bringt.

Der visuelle Sinn

Die meisten Menschen sind Augen-Menschen und werden auf diesem Kanal gut wahrnehmen. Hier wird vom Sehsinn gesprochen. Beispiel: „Ich kann's nicht mehr mit ansehen."

Der olfaktorische Sinn

Der Geruchssinn wird in der Kommunikation sehr häufig unterschätzt. Tatsächlich trägt der Geruch dazu bei, vieles deutlicher wahrzunehmen. Im rhetorischen Austausch könnten folgende Aussagen fallen: „Das stinkt mir." Oder: „Ich kann den Typ nicht riechen." Besonders die letzte Aussage lässt tief blicken. Sie sagt nämlich aus, dass unser Gesprächspartner sein Gegenüber nicht mag. Er findet sein Gegenüber regelrecht abstoßend. Ersetzen wir ‚kann' probehalber durch das Wort ‚will', wird daraus: „Ich will den Typ nicht riechen." Eine Geschäftsbeziehung wird sich hier kaum aufbauen.

Der kinästhetische Sinn

Schließlich schauen wir uns noch den fünften Sinn an, den Tastsinn. Dieser spricht die Fähigkeit der unbewussten Steuerung von Körperbewegungen an. Zu diesem Sinn gibt es eine ganze Menge Beispiele, von denen Sie viele kennen dürften. „Ich könnte aus der Haut fahren." „Das finde ich zum Kotzen." „Immer wird alles auf mir abgeladen." „Das zwingt mich in die Knie." „Das habe ich mir zu Herzen genommen." „Ich kann es nicht fassen."

Können Sie von Ihrem Gesprächspartner Formulierungen dieser Art wahrnehmen, dann wissen Sie, dass er das Anschauungsmaterial greifen, gar angreifen, will. „Ich kann es nicht begreifen." Diese Aussage zeigt, Ihr Gesprächspartner hat nicht die Möglichkeit etwas zu be-greifen.

Machen Sie es ihm leichter, indem Sie beispielsweise ein Modell Ihrer Idee mitbringen oder ein sauber ausgedrucktes Diagramm auf festem, gutem und dickem Papier, das er während Ihrer Präsentation in der Hand halten kann.

Der gustatorische Sinn

Das ist der Sinn, der den Geschmack anspricht. Beispiel: „Das schmeckt mir gar nicht."

Der auditive Sinn

Hier wird das Gehör beziehungsweise das Hören aktiv. Beispiel:
„Ich kann es einfach nicht mehr
hören."

Über den ‚richtigen' Sinneskanal ansprechen

Je nachdem, mit welchem Sinn Ihr Gesprächspartner am
leichtesten versteht, können Sie diesen gezielt ansprechen.

Auf dem visuellen Sinn ansprechen

„Einem scharfen Beobachter fällt
sofort auf …"

„Betrachten Sie es mal von folgender Seite."

Auf dem olfaktorischen Sinn ansprechen

„Ein betörender und erfrischender
Duft ist wahrnehmbar, sobald Sie …"

„Die Angst der Kunden ist förmlich
zu riechen."

Auf dem kinästhetischen Sinn ansprechen

„Ich habe hier ein Modell mitge-
bracht. Darf ich Ihnen das einmal reichen?"

„Fühlen Sie sich wohl?"

Auf dem gustatorischen Sinn ansprechen

„Dann gibt es hier noch einen kleinen Leckerbissen, sozusagen als i-Tüpfelchen auf das Angebot."

„Lassen Sie sich das mal auf der Zunge zergehen."

Auf dem auditiven Sinn ansprechen

„Hören Sie das satte Geräusch, sobald die Tür ins Schloss fällt?"

„Meine Oma hat immer gesagt ..."

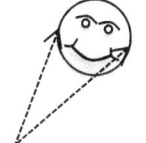

Nun wissen Sie, wie Sie a) herausfinden, mit welchem Sinneskanal Ihr Gesprächspartner (überwiegend) lernt und versteht und wie Sie b) genau über diesen Kanal mit ihm kommunizieren können.

Der abschließende Tipp lautet: Achten Sie genau auf die Aussagen der Menschen, die mit Ihnen reden.

Sie werden sich wundern, wie schnell sie sich durch ihre Wortwahl ‚verraten'.

Wie der Gesprächspartner ungewollt seine ‚Stimmung‘ verrät

Ein guter Coach oder ein sensibler Vorgesetzter erahnt die Stimmung des Gesprächspartners. Deutet er diese richtig, kann er das Gespräch einerseits empathisch führen und – vielleicht noch viel wichtiger – dem Gesprächspartner helfen.

Das ist möglich, wenn er die Aussage, die an beliebiger Stelle im Gesprochenen gesagt wird, einem der fünf Sinne zuordnet.

Erfolgt die Ordnung zum entsprechenden Sinn, kann auf die mögliche Ursache der Aussage geschlossen werden. Schon weiß der Coach oder der Vorgesetzte, wo den Gesprächspartner ‚der Schuh drückt‘. Entsprechend kann zwischenmenschliches Verhalten analysiert und das eigene Verhalten optimiert werden.

In folgender Auflistung werden einige Beispiele gezeigt und dem jeweiligen Sinn zugeordnet.

Was die visuelle Nachricht verrät

Wenn jemand sagt: ...	... kann das folgende Bedeutung haben:
„Ich kann's nicht mehr mit ansehen." „Ich will mir das gar nicht mehr angucken müssen." „Ich kann da nicht mehr hinschauen."	Die Person beobachtet immer wieder ein aus ihrer Sicht negatives Verhalten anderer. Sie ist nicht einverstanden mit diesem Verhalten.

Was die olfaktorische Nachricht verrät

Wenn jemand sagt: ...	... kann das folgende Bedeutung haben:
„Das stinkt mir."	Die Person spürt eine länger andauernde oder wiederholte persönliche Beeinträchtigung.

„Ich kann den Typ nicht riechen."	Die Person hat einen ungewünschten Umgang mit einem unsympathisch oder ungepflegt wirkenden Gegenüber.

Was die kinästhetische Nachricht verrät

Wenn jemand sagt: …	… kann das folgende Bedeutung haben:
„Ich könnte aus der Haut fahren."	Die Person schafft es nicht, peinlichen Situationen oder Konflikten aus dem Weg zu gehen.
„Das finde ich zum Kotzen." „Ich glaube, ich muss mich gleich übergeben."	Die Person hat sehr wahrscheinlich sehr viel Ärger, der enormen Stress erzeugt.
„Immer wird alles auf mir abgeladen." „Alles wird auf meine Schultern geladen."	Die Person trägt eine große Verantwortung, womit sie sich allerdings überfordert fühlt. In den beiden genannten Beispielen ist ein förmlicher Druck auf die Schultern zu spüren. Manchmal geht die Person sogar gebeugt.
„Das zwingt mich in die Knie." „Ich muss mich erst mal hinsetzen."	Die Person spürt eine ständige Überforderung. In diesen Beispielen ist die körperliche Auswirkung auf die Knie beziehungsweise die Beine gelenkt.
„Das hab ich mir zu Herzen genommen."	Die Person wurde möglicherweise stark kritisiert. Sie kann sich auch generell mit Sorgen und Problemen herumschlagen. Sie nimmt ernst, was ihr gesagt wurde.

„Ich kann's nicht fassen." „Das kann doch keiner be-greifen!"	Die Person hat ein außer-gewöhnliches Erlebnis ge-habt. Dieses Erlebnis ist ihr sehr nahegegangen.

Was die gustatorische Nachricht verrät

Wenn jemand sagt: ...	... kann das folgende Be-deutung haben:
„Das schmeckt mir gar nicht." „Das ist eine bittere Situa-tion."	Die Person befürchtet eine bevorstehende, voraus-sichtlich unangenehme Si-tuation. Sie fürchtet, diese nicht meistern zu können.

Was die auditive Nachricht verrät

Wenn jemand sagt: ...	... kann das folgende Be-deutung haben:
„Ich kann es einfach nicht mehr hören." „Da habe ich einfach abge-schaltet." „Das habe ich ja noch nie gehört!"	Die Person ist verletzt durch Worte, eventuell durch eine Kritik an ihr o-der an dem, was sie im sozialen Umfeld hört. Ge-gebenenfalls hört sie eine Sache immer wieder, was sie belästigt.
„Da bleibt mir die Luft weg."	Die Person scheint sich mit einem Überbleibsel einer gestörten Kommunikation während der Kindheit her-umzuschlagen.

Die Beispiele in der linken Spalte stehen stellvertretend für ähnliche Aussagen.

Können Sie an den Beispielen erkennen, welche unglaubli-chen Informationen die ausgesprochenen Worte über die ei-genen Empfindungen verraten?

Zeigt Ihnen das gleichzeitig, welches phänomenale Wissen Sie von Ihrem Gegenüber gewinnen, wenn Sie sehr auf-merksam zuhören?

Die gewonnenen Informationen sollen selbstverständlich nicht negativ eingesetzt werden. Schwächen beim Gegen-über ausnutzen ist sicherlich im Sinne einer fairen Kommu-nikation unkorrekt.

Ihr Wissen können Sie hingegen positiv einsetzen, wenn Sie es schaffen, Ihrem Gegenüber so zu helfen, dass er in sei-nem eigenen Verhalten Sicherheit gewinnt.

Nicht umsonst wurden hier stellvertretend Coaches und Vor-gesetzte genannt. Ein Redner auf einer Bühne vor einem großen Publikum erhält oft die Rückmeldung von diesem gar nicht.

Allerdings kann er in der Vorabsprache mit seinem Auftrag-geber bestimmte Stimmungen oder Herausforderungen her-aushören.

Möglicherweise packt er es, diese geschickt in seiner Rede so anzusprechen, dass den Zuhörern ein Lösungsweg auf-gezeigt wird.

Intelligent ist auch, wenn der Redner immer wieder ver-schiedene Sinnes-Kanäle anspricht, um möglichst alle Zuhö-rer ‚zu erreichen'.

Sind Sie empathisch genug?

Liebe Leserin, lieber Leser, im zweiten Teil des Handbuchs wurden wieder wichtige Themen bearbeitet.

Es ist klar geworden, dass es egal ist, ob einer 1000-mal etwas sagt, ohne dass es der andere versteht. Viel wichtiger – vielleicht sogar am wichtigsten – ist, dass Ihr Gesprächspartner Sie versteht.

Und zwar ‚richtig‘ versteht, nämlich so, dass er tatsächlich weiß, was Sie ihm vermitteln wollen.

Dass dazu eine gehörige Portion Einfühlungsvermögen – hier Empathie – eine ausschlaggebende Voraussetzung ist, sollte gedanklich so weit in den Vordergrund der Kommunikation gerückt sein, um sie den Basis-Fähigkeiten zuzuordnen.

Wo immer dieses Verstehen aufgrund subjektiver Beeinflussung geschwächt wird, kann es zu deutlichen Missverständnissen und Misserfolgen kommen.

Nicht vergessen – das gilt in beide Richtungen: Von Ihnen aus zu Ihrem Gesprächspartner genauso wie umgekehrt.

Daraus folgt, dass Nachfragen nicht als Angriffe zu werten sind. Durch die Möglichkeit, Nachfragen vertieft oder mit anderen Wörtern erklären zu können, steigt Ihre Chance, Ihre Ideen noch besser zu erläutern.

Schließlich haben Sie erfahren, dass Wörter Gefühle auslösen können. Durch den geschickten Einsatz liegt es nun in Ihrer Hand, Ihrer Aussage die gewünschte ‚Würze‘ zu verleihen.

Nutzen Sie die Möglichkeit, statt üblicherweise nur einen oder zwei Sinne anzuregen, auf allen Ebenen der Wahrnehmung zu kommunizieren.

Durch den Einbezug aller fünf Sinne eröffnen Sie sich ein großes, brachliegendes Aktionsfeld, in dem Sie sich rhetorisch austoben können.

Teil 3 – Glut entfachen, Feuer überspringen lassen, verrückt sein

Verrückt sein und Feuer entzünden

Rhetorischer Brandstifter

Wer Feuer entfacht, muss ja fast schon verrückt sein. Zumindest dann, wenn er etwas oder jemanden brennen lassen will. Natürlich soll hier niemandem Schaden zugefügt werden geschweige denn irgendwo tatsächlich ‚echtes‘ Feuer gelegt werden. Diese Formulierungen sind im übertragenen Sinne zu betrachten.

Unsere Welt bietet eine unglaubliche Vielfältigkeit. Aus Gründen der Sicherheit oder der Bequemlichkeit verhalten sich Menschen immer wieder gleich. Der Nachbar verlässt morgens, fast auf die Minute genau immer zur gleichen Zeit das Haus. Er begibt sich immer auf demselben Weg zur Arbeit – auf dem Weg, von dem er annimmt, dass er ihn am schnellsten zum Arbeitsplatz bringt.

Viele stöhnen dann, dass sie am Arbeitsplatz immer wieder eine gleichartige Arbeit umsetzten müssen, jeden Tag, jede Woche, jeden Monat. Möglicherweise bis zum Erreichen ihres Rentenalters. Am späten Nachmittag geht es wieder nach Hause. Selbstverständlich auch wieder auf demselben Weg.

Das Abendprogramm ist vergleichbar mit vergangenen Abendprogrammen. Wer kann sich daran erinnern, was er am Dienstagabend vergangener Woche zu Abend aß? Wenn es nicht gerade etwas ganz Besonderes gab, eine Einladung vorlag oder in einem Restaurant gespeist wurde, wissen viele tatsächlich nicht mehr, was sie vor einer Woche verzehrt haben.

Ist ja alles egal! Oder doch nicht?

Mit Recht ließe sich einwenden, dass es egal ist, was vor einer Woche gegessen wurde. Sehr wahrscheinlich hat es gemundet, es wäre ja sonst nicht gegessen worden. Und heute ist es egal – die Mahlzeit liegt in der Vergangenheit. Das stimmt alles.

Mit diesem Beispiel wird ausgedrückt, dass wir uns an bestimmte Dinge nicht mehr erinnern können und zwar deshalb, weil sie immer wieder in der gleichen Art umgesetzt werden.

Wer 40 oder 50 Jahre alt ist und überlegt, was er in den vergangenen zehn Jahren Besonderes erlebt hat, wird häufig sehr nüchtern aus dem Gedankengut erwachen, weil ihm gar nicht mehr so viel einfällt.

Wer 70 oder 80 Jahre alt ist, wird darüber klagen, wie schnell das Leben (und die Jahre) vergangen ist. Ist es vielleicht auch deshalb so schnell vergangen, weil es wenige Besonderheiten gab? Liegt es daran, dass sich das eigene Gedächtnis nichts mehr merkt, weil es immer dasselbe erlebt?

Abwechslungsreiche Gestaltung

Wie dem auch sei – Sie haben es in der Hand, Ihr Dasein abwechslungsreich zu gestalten. Lassen Sie uns diesen Themenbereich auf die Rhetorik übertragen. Riskieren Sie in Ihren Reden und Präsentationen auch mal etwas. Verhalten Sie sich – im Vergleich zu hunderten anderen Rednern – etwas verrückt.

Gemeint ist, gehen Sie nicht genau identisch vor, um nicht in der Bedeutungslosigkeit zu verschwinden. Bringen Sie selbst Abwechslung in Ihre rhetorischen Aufträge. Würzen Sie diese mit Neuartigem und Unkonventionellem. Experimentieren Sie, schlagen Sie hier und dort einen neuen Weg ein.

Ihre Erinnerung wird es Ihnen danken. Durch das abwechslungsreiche Vorgehen erzielen Sie Aufmerksamkeit nicht nur in Ihrem Gedächtnis, sondern auch bei Ihren Zuhörern und in deren Gedächtnissen.

Den Zuhörer aus seiner Lethargie befreien

Fast gleichzeitig entwickelt sich das, was hier mit Entzünden von Feuer gemeint ist. Erwacht der Zuhörer aus seiner Langeweile, seiner Lethargie oder dem, was ihm täglich in ähnlicher Art vorgetragen wird, wird er aufmerksam.

In der Regel wird er begeistert sein, eine neue, für ihn unerwartete Präsentation wahrnehmen zu dürfen.

Durch die gesteigerte Aufmerksamkeit und die wachsende Begeisterung ist es für ihn viel leichter, sich von Ihnen und Ihren Ideen überzeugen zu lassen.

Die innere Glut wartet darauf, die ersten Flammen lodern zu lassen.

Glut entfachen – Feuer entzünden

Im Gegensatz von vor 20, 30 Jahren, spielt die Zeit, genauer die Schnelligkeit, eine immer wichtigere Rolle. Heute bestellt – morgen geliefert. Unternehmen versuchen aktuell eine Lieferung am selben Tag zu garantieren. Das hat natürlich auch Auswirkungen auf rhetorische Vorgehensweisen und Gesprächsabläufe.

Schnelllebigkeit

Es ist schon lange kein Geheimnis mehr, dass unsere Zeit sehr schnelllebig (geworden) ist. Wir rechnen nicht mehr nur in Minuten, sondern in Sekunden oder in noch kleineren Einheiten. Entscheidungen müssen heute und sofort getroffen werden. Ewig lange Zeit für Planung, Nachdenken und Abwägen ist immer weniger möglich.

Die sogenannten sozialen Medien haben deutlich dazu beigetragen, dass wir heute 24 Stunden am Tag weltweit fast so kommunizieren können, als säßen wir einander gegenüber.

In Präsentationen, Reden und Vorträgen will der Zuhörer sehr schnell wissen, worum es geht. Genauer: er will wissen, welchen Vorteil er erzielen kann. Stundenlanges Drumherum-Reden ist nicht mehr angesagt. Der Zuhörer hat sich sicher längst einem anderen Anbieter zugewendet.

„Wer zu spät kommt ..."

Ideen lassen sich heute viel schneller austauschen und Projekte starten. Wer zu spät kommt, hat ein Nachsehen. Damit hat schon Michail Sergejewitsch Gorbatschow (*1931) Recht gehabt, als er sagte: „Wer zu spät kommt, den bestraft das Leben."

Als informierte und aufgeklärte Menschen wissen wir natürlich, dass er diesen Satz so nie gesagt hat. Trotzdem wird er immer wieder zitiert – und der Text passt ja auch so schön.

„Wer zuerst kommt ..."

Das heißt also: Derjenige, der zuerst startet, hat einen Vorteil dem anderen gegenüber. Wohlgemerkt muss seine Idee nicht besser sein als die des Mitbewerbers, er konnte sie lediglich zuerst darstellen. Er hat also einen deutlichen zeitlichen Vorsprung dem anderen gegenüber.

Wir könnten das alte Sprichwort: „Wer zuerst kommt, der mahlt zuerst" zitieren.

Dieser Spruch stammt noch aus Zeiten, als die Bauern ihr Korn zum Müller bringen mussten, der daraus Mehl produzieren konnte. Der Bauer, der an zweiter oder gar dritter Stelle eintraf, musste einfach warten. Bekanntlich ist Zeit Geld, also hat die Wartezeit im übertragenen Sinn Verlust eingefahren.

Schneller, höher, weiter

Es lässt sich gut erkennen, dass der Gedanke an Zeit und Zeitverschwendung keine ganz neue Herausforderung ist. Verglichen mit damals, ist allerdings eine überdeutliche Konzentration der Zeiteinheiten entstanden. Schneller, höher, weiter. So heißt seit langem die Devise in unserer Kultur. Noch ist, bis heute, kein Wandel zu erkennen.

Schnell, schneller, am schnellsten

Früher investierten Auftraggeber in ein Seminar zwei Übernachtungen. Nicht nur aus Kostengründen wird das Seminarprogramm manchmal auf einen Tag gepresst. Wie sollen die Teilnehmer – aber auch der Trainer – dasselbe Wissen inhaltlich und verständlich darstellen wie früher? Das stellt eine enorme Herausforderung und Konzentration an die Zuhörer und den Redner dar.

In kürzester Zeit soll – sinnvoll – der gleiche Inhalt vermittelt werden.

Die Fehlerwahrscheinlichkeit steigt

Unzählige Meetings werden gekürzt. Das hat bei entsprechender Moderation sicher auch den Vorteil, endloses Palaver einzuschränken. Andererseits kann manches nicht mehr so tiefgreifend angesprochen werden, wie es nötig wäre. Ungenauigkeit ist die Folge – die Fehlerwahrscheinlichkeit steigt.

So es ist noch bedeutsamer, genau zu überlegen, was und wie etwas vermittelt wird.

Der Optimist, der Pessimist und der Fortschritt

Der Optimist denkt „klappt schon". Der Pessimist überlegt kritisch „ob das klappt?". Dennoch unterscheiden sie sich in ihrer Betrachtungsweise. Beide sehen ein und dasselbe, nehmen es aber verschieden wahr und reagieren verschieden.

Der Pessimist

Hier soll allerdings eher eine Art Lebens-Strategie betrachtet werden. Der Pessimist mag eventuell auf der sicheren Seite im Leben stehen. Ob er glücklicher wird, sei dahingestellt. Große Sprünge im Leben wird er eher seltener machen. Ob sich großartige Erfolge – außer durch Zufall – einstellen, bleibt ebenso unbeantwortet.

Der Optimist

Der Optimist hingegen wird häufiger ein Risiko eingehen. Er ist entscheidungsfreudig, weshalb ihm manchmal auch Fehler passieren. Für den Optimisten ist das allerdings nicht so tragisch. Fehler werfen ihn nicht um. Er sieht sie eher als Training, eine Wiederholung des Fehlers in Zukunft zu vermeiden.

Der optimistisch Denkende hat allerdings große Vorteile. Er zögert nicht, eine Idee von allen Seiten zu beleuchten, um neue Ansichten zu gewinnen. Er probiert dieses und jenes aus und sammelt somit viele Beispiele, die seinen Erfahrungsschatz vergrößern.

Er stellt alles Mögliche infrage und schont sich nicht, Lösungen oder Alternativen zu suchen und zu finden.

Fortschritt

Ihm haben wir es zu verdanken, dass die Gesellschaft immer wieder durch neue Ideen bereichert wird. Deshalb kann sie sich immer weiterentwickeln.

Der Optimist ist kreativ und – wenn er entsprechend veranlagt ist – auch innovativ. Kreativ heißt hier, Bestehendes weiterzuentwickeln. Innovativ bedeutet, gänzlich Neues zu erfinden.

In unserer schnelllebigen Zeit sind viele ,heiß' darauf, immer Neues zu erfahren. Nutzen Sie die Charaktereigenschaften des Optimisten aus.

Verrückte Visionen

Die Vision

Bringen Sie sich einige klassische Visionäre in Erinnerung. Nehmen wir stellvertretend den großartigen Erfinder und Visionär Leonardo da Vinci (1452 – 1519).

Nicht umsonst wird er als Universalgenie gesehen.

Wie ist das möglich? Nun, er hat kreativ gedacht und vor allem anders als die Menschen, die in seiner Zeit lebten.

Leonardo hatte den (damals sicherlich verrückten) Traum vom Fliegen. Er hat viel Zeit investiert, ein Fluggerät zu entwickeln. Zu seinen Ideen gehörte beispielsweise auch ein Fallschirm. Leonardo hat militärische Kriegsmaschinen wie Panzer entwickelt und überlegt, wie ein militärisches Lager besser vor Angriffen geschützt werden kann.

Er machte sich Gedanken, wie ein Mensch in die Tiefe abtauchen könnte. Wie müsste eine Taucherausrüstung gestaltet sein, damit der Mensch überleben kann?

Der verrückte Typ

Er war fasziniert von der Anatomie des Menschen. Verbotenerweise sezierte er Leichen, um sein Bedürfnis an Wissen zu befriedigen.

Seinen Mitmenschen schien das alles suspekt. War Leonardo verrückt? Ein eigenartiger Sonderling – mag sich der eine oder andere gedacht haben.

Das, was dieser eigenartige Kauz umsetzen wollte, war überhaupt nicht realisierbar! Das weiß doch jedes Kind! Wie soll ein Mensch denn fliegen? Er ist doch viel schwerer als ein Vogel! Da muss er wieder nach unten fallen!

Doch, es ist klar: Leonardo muss verrückt sein.

Das verrückte Denken steigert die eigene Begeisterung

Wie war es Leonardo möglich, trotzdem einige seiner Ideen zu realisieren? Ganz bestimmt nicht, weil er in seinen eigenen vier Wänden unauffällig arbeitete. Er musste andere überzeugen und deren Widerstand überwinden. Er brauchte Verbündete in Form von Geldgebern oder einflussreichen Menschen, die ihm in irgendeiner Weise helfen konnten, seine Visionen zu realisieren.

Leonardo war hundertprozentig begeistert und überzeugt von dem, was er tat. Wer begeistert ist von seiner Tätigkeit, fängt Feuer. Bleiben wir bei diesen Termini: Zuerst roch er Lunte, weil er etwas Sinnvolles wahrnahm. Er fing an, sich gedanklich damit zu beschäftigen; die Glut wurde entfacht. Und nun engagierte er sich so stark für seine Visionen, dass er Feuer entzündete. Er brannte für seine Sache.

Übertragen wir das nun auf den Menschen, der eine klasse Idee hat. Auch er ist von seiner Idee total begeistert. Treffen wir mit ihm zusammen, ist ihm diese Begeisterung deutlich anzumerken.

Die Augen strahlen

Wenn er über seine Tätigkeit redet, unterstreicht er seine Worte mit deutlichen Gesten. Er redet sozusagen mit Händen und Füßen.

Seine Augen strahlen regelrecht; die komplette Mimik spiegelt diese Begeisterung wider. So muss es sein.

Die Begeisterung nutzt ihm in seinen vier Wänden nichts. Es drängt ihn, seine Idee anderen zu vermitteln. Er wird nicht ruhen, bis ihm das auch tatsächlich gelingt. Im Idealfall kann er diese Begeisterung anderen so mitteilen, dass sozusagen das Feuer überspringt! Der nächste Zuhörer ist infiziert. Er trägt die Begeisterung nun in sich und übermittelt sie an Dritte.

Lassen Sie uns Leonardo da Vinci beispielgebend betrachten. Er schaffte es – wie viele andere Visionäre auch – trotz Widerstands der Bevölkerung seine Ideen voranzubringen. Die Nachwelt profitiert noch heute von seiner Verrücktheit.

Machen Sie es Leonardo gleich: Verhalten Sie sich in diesem Sinn ‚verrückt‘.

Verrückt sein

Versuchen Sie sich doch einmal vorzustellen, ein Mensch wie Christoph Kolumbus (1451 – 1506) behauptet plötzlich, er könne einen Seeweg finden, der in entgegengesetzter Richtung rund um den Globus führt. Was müssen seine Mitmenschen damals gedacht haben? „Der ist verrückt, der Kolumbus!" Wir wissen, dass es für Kolumbus nicht leicht war einen Geldgeber zu finden, der ihm diese abenteuerliche Reise ermöglichte.

Wir können außerdem absolut sicher sein, dass im 15. Jahrhundert noch niemand von einem Elevator Pitch gesprochen hat. Trotzdem ist es Kolumbus gelungen, nachdem andere, beispielsweise der portugiesische König Johann II. (1455 – 1495) ihn mit seiner Idee abblitzen ließen, Königin Isabella I. von Kastilien (1451 – 1504) zu überzeugen.

Im Jahr 1492 konnte Kolumbus stolz auf sich sein, sein vermeintliches Ziel erreicht zu haben. Wir wissen, dass er nicht bis nach Indien kam, sondern die neue Welt Amerikas entdeckte.

Die meisten Start-Upper müssen keine Königin und keinen König von ihren Ideen überzeugen, sondern ‚lediglich' einen Geldgeber oder eine Geldgeberin.

Der rhetorische Aufwand allerdings ist vergleichbar.

Realist sein versus verrückt handeln?

Wie kann einer gleichzeitig Realist und verrückt sein? Dieser scheinbare Widerspruch ist gar keiner.

Wer sich als Realist betrachtet, erkennt die Möglichkeiten, die ihm das Leben gibt. Er kann sich sehr gut von Vorgehensweisen trennen, die für ihn einfach nicht machbar sind.

Die Gesellschaft sorgt dafür, dass der Einzelne deutlich weiß, was als korrekt beziehungsweise machbar gilt. Es werden Regeln und Normen erstellt.

Zumindest in der Theorie sind diese Vorschriften und Gesetze eindeutig. Die Praxis allerdings zeigt täglich, dass Gesetze unterschiedlich gedeutet werden. Anwälte und Gerichte werden überhäuft mit Situationen, in denen es verschiedene Auslegungen der gewünschten Norm gibt.

Außerhalb der Norm – normal oder unnormal?

Handelt nun einer außerhalb der gesellschaftlichen Norm, verhält er sich also nicht mehr normal, wird schnell gesagt, der Betreffende sei unnormal oder gar anormal. Tatsächlich, wenn wir es genau nehmen, ist er lediglich von der üblichen Norm etwas abgerückt. In diesem Zusammenhang soll ,verrückt sein' gesehen werden. Nicht mit dem üblichen negativen Unterton, der bei dem Wort ,Verrücktheit' mitschwingt.

Die Norm ist das, was als ,normal' bezeichnet wird. Daraus folgt: Wenn sich jemand nicht normal verhält, verhält er sich unnormal oder anormal. Das bedeutet auch, dass er in der Gesellschaft auffällt. Meistens wird er unangenehm auffallen, weil er sich sicher anders verhält als alle anderen. Er wird schnell mal als Spinner oder als Verrückter bezeichnet. Oft kann ihn die Gesellschaft nicht verstehen. „Was will der denn? Es ging doch bisher auch gut so. Immer dieser neumodische Kram."

Aus der gesellschaftlichen Norm gerückt

Das, was viele machen, ist die Norm. Ob es richtig ist, was viele tun, sei dahingestellt. Wer von der Norm abweicht, gilt als ,un-normal'.

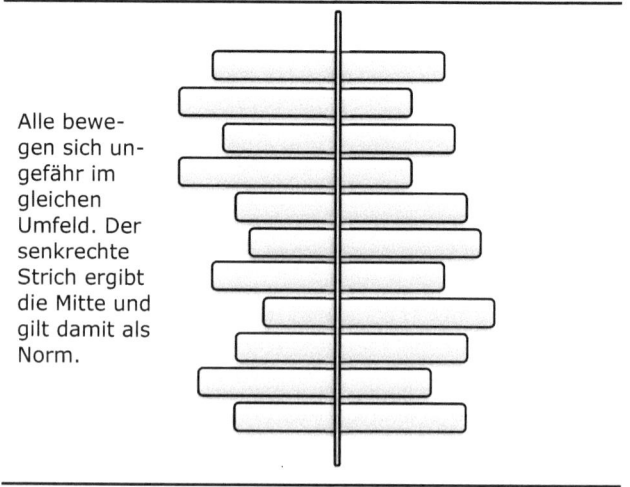

Alle bewegen sich ungefähr im gleichen Umfeld. Der senkrechte Strich ergibt die Mitte und gilt damit als Norm.

Einer ist ‚verrückt'. Er bewegt sich zwar noch mitten zwischen den anderen Menschen, entspricht aber nicht mehr der Norm.

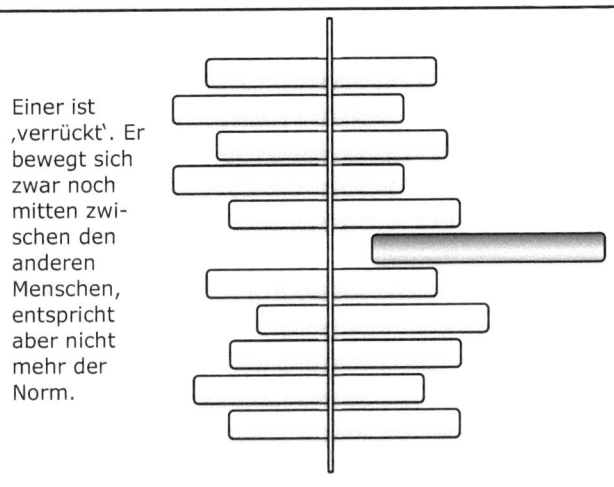

Wer in diesem Sinne verrückt ist, hat es geschafft, über den eigenen Tellerrand hinauszuschauen. Ihm eröffnen sich ganz andere Möglichkeiten in seinen Erfahrungen, Betrachtungen und in seinem Wissen.

Gleichzeitig wird die Neugierde angeregt und schon sind wir wieder beim optimistisch zu bezeichnenden Verhalten, Neues kennenzulernen.

Der Appell an Sie ist demnach eindeutig: Seien Sie ein wenig verrückt. Nutzen Sie diese Möglichkeit, sich zu entfalten. Solange Sie sich im Rahmen der Legalität bewegen, werden Sie feststellen, dass das Leben noch schöner sein kann als bisher. Der Weg ins kreative Denken wird gefestigt.

Die Feuer-Taktik: Das rhetorische Feuer überspringen lassen

Wenden wir uns gedanklich einem Verkaufs-gespräch oder dem Verhalten im Start-Up zu. Sie haben an Ihrer Idee lange getüftelt und sind 100-prozentig sicher, dass sie er-folgreich ‚einschlagen' wird.

Nun sind Sie dabei, den Geldgeber zu über-zeugen.

Sie streben in ihrer Gesprächsführung vier Ziele an:

1. Der Geldgeber soll Lunte riechen.

2. Beim Geldgeber soll die Glut entfacht werden.

3. Der Geldgeber soll Feuer fangen.

4. Das Feuer soll überspringen.

Betrachten wir im Einzelnen die vier Schritte.

1. Schritt der Feuer-Taktik – Lunte

Der Geldgeber riecht Lunte.

Anfangs weiß der Geldgeber noch nicht, worum es über-haupt geht. Er weiß nur, dass er überzeugt werden soll, sich finanziell zu beteiligen.

Durch die rhetorische Vorgehensweise, die oben be-schrieben wurde, zeigt der Geldgeber Interesse. Er hat sozusagen Lunte gerochen.

2. Schritt der Feuer-Taktik – Glut

Beim Geldgeber wird
Glut entfacht.

Mit dieser Einzigartigkeit, der innovativen Neuigkeit und
der kreativen Idee, schaffen Sie es beim Geldgeber die
Glut zu entfachen. Er merkt, welche Vorteile er haben
kann, wenn er dieses Start-Up-Unternehmen finanziell
unterstützen wird.

3. Schritt der Feuer-Taktik – Feuer

Der Geldgeber hat Feuer
gefangen.

Die Begeisterung, die Sie ausstrahlen, springt jetzt auch
auf den Geldgeber über. Er spürt, dass die vorgestellte
Idee erfolgreich sein wird. Und selbstverständlich will er
an diesem Erfolg teilhaben. Bildhaft ausgedrückt hat er
Feuer gefangen.

4. Schritt der Feuer-Taktik – Brand

Das Feuer springt über.

Damit ist gemeint, dass nun auch der Geldgeber überzeugt und begeistert ist. Er kann sich sehr gut in die Realisierung des Projektes versetzen. Er lässt das Feuer nun
überspringen, indem er Sie finanziell unterstützt.

Sie haben Ihr Ziel erreicht. Gratulation!

Recht simpel lässt sich diese Vorgehensweise auf alle mögliche (Verkaufs-) Gespräche übertragen.

Auch in Präsentationen wollen Sie schließlich Ihre Zuhörer begeistern.

Diese sollen sich auch Tage und Wochen später noch an Ihren tollen und überzeugenden Auftritt erinnern können.

Rhetorisch verrückt auftreten

Anders denken und nonkonform handeln

Ohne Kreativität gäbe es keine Innovation. Wären unsere Vor–Vorfahren nicht neugierig und innovativ gewesen, säßen wir heute noch an den Eingängen unserer Höhlen. Glücklicherweise hat uns die Natur die Gabe vermacht, Neues zu erforschen und immer wieder auszuprobieren, ob wir nicht etwas besser machen können als vorher.

Fehlversuche helfen dabei, den richtigen Weg zu finden. Deshalb müssen wir uns wegen kleiner Rückschläge nicht schämen. Wer nichts riskiert, kann nichts großartiges Neues leisten.

Kreativität oder Innovation?

Das Wort Kreativität kommt vom lateinischen Wort ‚creare‘ und heißt ‚schaffen‘, ‚entwickeln‘. Es wird etwas hergestellt oder weiterentwickelt, was es in dieser Art noch nicht gab.

Wenn etwas absolut neu ist, wird von Innovation gesprochen. Auch Innovation kommt aus dem Lateinischen (innovare = erneuern) und bedeutet ‚Erneuerung‘.

Das Gabler Wirtschaftslexikon definiert Kreativität als „die Fähigkeit, in fantasievoller und gestaltender Weise zu denken und zu handeln."

Und was bedeutet Fantasie? Das ist schon etwas schwieriger zu beschreiben. Vielleicht so: Fantasie bedeutet die Kraft, Alternativen zur bestehenden Realität zu finden.

Einen anderen Weg zu suchen und zu finden, als es das bisherige Leben uns zeigt.

Bei Innovation verweist die oben genannte Quelle auf eine Neuerung.

Grob lässt sich sagen, kreativ wäre beispielsweise mit einem kugelförmigen Smartphone zu arbeiten, innovativ hingegen, wenn wir damit arbeiten könnten, ohne dass es (physisch) greifbar vorhanden wäre.

Die Kreativität zeigt eine Alternative zur bestehenden Form, die Innovation bringt etwas komplett Neuartiges.

Kreatives Denken

An einigen Universitäten wird das Fach ‚Creative Thinking‘ gelehrt. Das klingt moderner als zu sagen ‚Kreatives Denken‘, meint aber dasselbe.

Wer kreativ denken kann, der …
… schwimmt nicht im Mainstream mit. Der Mainstream bildet das Handeln beziehungsweise den Geschmack der Mehrheit der Menschen einer Gesellschaft ab.
… ist bereit, unübliche Vorgehensweisen zu akzeptieren und auszuprobieren.
… gräbt bei sich eigene, ihm bisher unbekannte kreative (eigene) Fähigkeiten aus.
… betrachtet Unbekanntes als positive Herausforderung und freut sich darauf, diese zu meistern.
… kann und will improvisieren.
… hinterfragt übliche Gewohnheiten und ist bereit, neue Wege einzuschlagen.
… eliminiert eingefahrene Denkmuster.
… überwindet und sprengt Denkrahmen. Er hebt das Scheuklappendenken auf.
… nimmt gedanklich einen Perspektivenwechsel beziehungsweise Rollenwechsel vor.
… geht Risiken ein und er fürchtet keine Fehlschläge.

Alternativen versus Einschränkungen und Schuldzuweisungen

Der kreativ denkende Mensch weiß, dass es zu allem immer eine Alternative gibt. Diese muss lediglich gesucht und gefunden werden.

Der kreativ denkende Mensch weiß auch, dass es beim Denken und Vorschlagen von Ideen keine Einschränkungen gibt.

Schließlich weiß er, dass es häufig unnütz ist, die Schuld nach einem begangenen Fehler zu suchen, sondern lieber zu überlegen, wie in Zukunft vorgegangen werden kann, um den gleichen Fehler zu vermeiden.

Kreativität lässt sich nicht erzwingen, kann aber trainiert werden.

Perspektivenwechsel

Mit dieser Vorgehensweise schaffen Sie es, Ihre Herausforderung aus verschiedenen Perspektiven zu durchleuchten.

Sie erweitern ohne großen Energieaufwand sozusagen Ihren Horizont.

Sie erhalten neue Anregungen, um Ihr Projekt umzusetzen.

Probieren Sie es einmal aus. Vielleicht gehören Sie zu den glücklichen Menschen, die mit dieser Kreativitäts-Technik gut arbeiten können.

Flexibles Denken und Handeln

Wer die Kraft hat, nach Alternativen zu suchen und zu finden, denkt anders als üblich. Er zeigt flexibles Denken.

Wir können auch sagen, dass es ihm gelingt, ‚über den Tellerrand‘ zu schauen.

Das Denken und das Schauen genügt allerdings noch nicht. Es fehlt noch, aktiv zu werden, zu handeln.

Bleibt jemand ausschließlich in seiner Gedankenwelt kreativ, nutzt es im echten Leben wenig.

Er würde bestenfalls als Träumer bezeichnet werden.

Wenn er es schafft, andere Gedanken zum Leben zu erwecken, können wir kreatives Handeln erkennen.

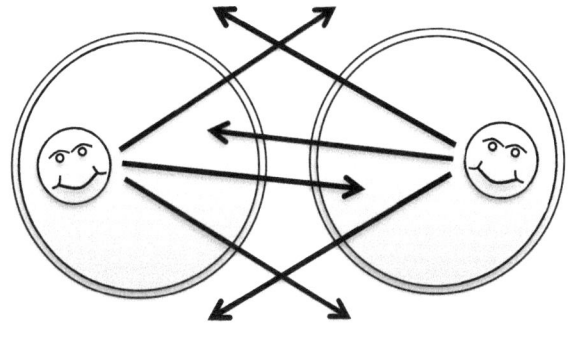

Tauscht er sich mit anderen Menschen aus, steigt seine Kreativität. Er erweitert seinen Horizont.

Sind Sie ein Optimist?

Liebe Leserin, lieber Leser, im dritten Teil dieses Handbuchs machten wir den Brandherd der Kommunikation ausfindig.

Wir haben erkannt, wie die rhetorische Glut entfacht werden kann, diese zu einem zündelnden Feuer zu entfachen, das mit aller Wucht den Gesprächspartner erreicht.

Es bringt ihn dazu, Ihre Ideen und Ziele zu unterstützen.

Wir haben den Optimisten und den Pessimisten betrachtet, sowie den Realisten und den Verrückten.

Falls es Ihnen gelingt, sich als rhetorisch ‚verrückt' zu sehen, haben Sie die Stärke, außerhalb der Norm deutliches Profil zu zeigen.

Handeln Sie kreativ und schließlich innovativ, betreten Sie den Bereich des Neuen. Darauf wartet Ihr Gegenüber, Ihr potentieller Auftraggeber und möglicher Geldgeber.

Handeln Sie der schnelllebigen Zeit entsprechend flott und flexibel, um Ihrem Erfolg den Weg zu Ihnen zu erleichtern.

Ausleitung

„Begeistert und kreativ den anderen überzeugt"

Liebe Leserin, lieber Leser, sind Sie begeistert und schaffen es, den anderen kreativ und zeitlich flexibel zu überzeugen? Die vielfältigen Handgriffe zu dieser Vorgehensweise wurden in diesem Handbuch aufgezeigt.

Auch wenn es relativ viele beschriebene Bereiche hierzu gibt, können Sie in allen möglichen Situationen bei entsprechendem Wollen und Trainieren schnell Ihre rhetorische Überzeugungskraft steigern.

Die Themenbereiche Kommunikation/Rhetorik bieten die tolle Möglichkeit, täglich in der Praxis trainieren zu können. So sind Fortschritte sehr schnell bemerkbar und messbar.

Sprengen Sie förmlich Ihren Denkrahmen und entfernen Sie die Scheuklappen. Schauen Sie nicht nur nach rechts und links, sondern auch nach oben und unten.

Nutzen Sie die Möglichkeiten des Gehirns, um kreativ, innovativ und vor allem verrückt zu denken.

Bekanntlich fällt kein Meister vom Himmel – demnach auch kein rhetorischer Meister – was für jeden Menschen in vergleichbarer Situation gilt. Nutzen Sie Ihr Wissen und die vielen Hinweise in diesem Handbuch, Ihr rhetorisches Level über das Niveau vieler Mitbewerber zu heben.

Guten Erfolg mit Ihrem Wissen und Ihren Fähigkeiten.

Alles Beste bis zu einem möglichen ‚Wiederlesen' in einem anderen Ratgeber unserer Reihe „Das kleine Rhetorik-Handbuch [2100]".

Horst Hanisch

Stichwortverzeichnis

Knigge als Synonym

Umgang mit Menschen

Suche weniger selbst zu glänzen, als andern Gelegenheit zu geben, sich von vorteilhaften Seiten zu zeigen, wenn Du gelobt werden und gefallen willst.

Adolph Freiherr Knigge, aus dem Buch „Über den Umgang mit Menschen",
1788
(1752 - 1796)

Schon zu seinen Lebzeiten war Adolph Freiherr Knigge (1752 – 1796) umstritten. Knigge setzte sich durch sein energisches Eintreten für die Ziele der Aufklärung, so wie er sie verstand, scharfen Angriffen aus. Er arbeitete als Romanschriftsteller und Satiriker sowie als politischer Schriftsteller. Er gehörte den Freimaurern an. Heute ist Knigge vor allem seines Buches wegen ‚Über den Umgang mit Menschen' (1788) bekannt. Und zwar deswegen, weil sein Werk als Etikette-Buch angesehen wird.

Das große Missverständnis

Knigge verdankt seinen heutigen Ruf und Erfolg aber einem Missverständnis. Denn: Das Werk Adolph Freiherr Knigges gilt als Etikette-Buch ersten Rangs. Allerdings beschreibt Knigge keine Regeln wie mit Besteck umzugehen ist oder das Verhalten bei Tisch, stattdessen offenbart er eine praktische Lebensphilosophie im Umgang mit Mitmenschen. Er gibt Anleitungen und Anregungen, wie mit seinen Mitmenschen richtig umzugehen ist. Knigge hoffte damit, dass die Menschen glücklich und froh miteinander leben könnten. Sein Buch erschien 1788 und war schon kurze Zeit in fast allen Haushalten zu finden. Auch über 200 Jahre nach Erscheinen prägt sich sein Buch im Bewusstsein der Leser als praktisches Handbuch über gutes Benehmen ein.

Über den Umgang mit Menschen

In drei Teilen seines Buches hat Knigge über den Umgang mit verschiedenen Menschengruppen geschrieben, zum Beispiel:

- Über den Umgang mit Leuten von verschiedenen Gemütsarten, Temperamenten und Stimmungen des Geistes und des Herzens (Erster Teil, 3. Kapitel)
- Über den Umgang mit Frauenzimmern (Zweiter Teil, 5. Kapitel)

- Über die Verhältnisse zwischen Herrn und Dienern (Zweiter Teil, 7. Kapitel)
- Über das Verhältnis zwischen Wohltätern und denen, welche Wohltaten empfangen; wie auch unter Lehrern und Schülern, Gläubigern und Schuldnern (Zweiter Teil, 10. Kapitel)
- Über den Umgang mit den Großen der Erde, mit Fürsten, Vornehmen und Reichen (Dritter Teil, 1. Kapitel)

Knigge heute als Synonym für Umgangsformen

Obwohl es heute klar ist, dass Knigge anderes verfolgte, als wir unter seinem Namen verstehen, soll ‚Knigge' als Synonym für den Bereich stehen, dem sich das vorliegende Handbuch widmet.

Wir behandeln das Thema Kommunikation in seinen Details. Ist das nichts anderes als der Umgang mit Menschen?

Gerade davon ausgehend, dass die zwischenmenschliche Kommunikation einen immensen Einfluss auf das Wohl und Gedeih eines Einzelnen nimmt, passt dieser Ratgeber gedanklich zu den Ideen des Freiherrn Knigge.

12 Ratgeber in der kleinen Knigge-Reihe

Der kleine ... -Knigge ^{2100} (Je € 9,70; 88 Seiten, 12x19 cm, kartoniert)

Anstands- und Banausen-...	**Interkulturelle- und Auslands-...**
Business- und Kunden-...	**Bewerbungs- und Vorstellungs-...**
Büro- und Kollegen-...	**Event- und Feste-...**
Gäste- und Gastgeber-...	**Gastro- und Tischsitten-...**
Gesellschafts- und Freunde-...	**Speisen- und Exoten-...**
Outfit- und Stil-...	**Trinkkultur- und Getränke-...**

12 x kleines Handbuch der Rhetorik 2100

Der kleine Handbuch der Rhetorik ^{2100} (Je € 9,70; 100 Seiten, 12x19 cm)

Erfolgreich reden	**Wahrnehmung verzerren**
Körpersprache einsetzen	**Einwände entkräften**
Gezielt trainieren	**Gespräche führen**
Nervosität austricksen	**Meetings leiten**
Begeistert überzeugen	**Geschicktes Nudging**
Unterschwellig manipulieren	**Interviews führen**

4 Ratgeber in der Ego-Management-Reihe

Jeder Ratgeber € 14,90, 104 Seiten, A5
Persönlichkeits-Management – Ego-Knigge ²¹⁰⁰ Soft Skills, Selbst-Reflexion und Selbst-Bewusstsein

Stress-Management – Ego-Knigge ²¹⁰⁰ Lampenfieber, Stressoren, Gerüchte, Mobbing, Burnout, Stressvermeidung
Zeit-Management– Ego-Knigge ²¹⁰⁰ Umgang mit der Zeit, Organisation von Arbeitsabläufen, Perfektionismus, Zielsetzung
Gedächtnis-Management – Ego-Knigge ²¹⁰⁰ Gehirn, Intelligenz, Schwachsinn – Hochbegabung, Gedächtnis, Lerntechniken

4 Ratgeber in der Reihe Lebenseinstellung

Jeder Ratgeber € 12,95, 160 Seiten, A5
Aberglaube-Knigge ²¹⁰⁰ Von schwarzen Katzen, der linken Hand des Teufels und den Glücksbringern

Lügen- und Egoismus-Knigge ²¹⁰⁰ Überleben durch Flunkern, Schummeln und Täuschen! Macht, Respekt, Wertschätzung? Lebenslüge und Lebensschutz
Glücks-Knigge ²¹⁰⁰ Vom Glücklichsein, positiven Denken und von Freundschaften
Angst- und Optimismus-Knigge ²¹⁰⁰ Die Furcht beherrschen, Ängste nutzen und positiv durchs Leben gehen

3 Ratgeber Bräutigam, Braut, Brautpaar

Bräutigam-Knigge ²¹⁰⁰ Verlobung und Polterabend, Schwiegereltern und das Ja-Wort, Hochzeits-Outfit und Hochzeits-Kutsche
Braut-Knigge ²¹⁰⁰ Brautkleid und Accessoires, Das große Hochzeitsfest, Höhepunkte und Hochzeitstanz

Brautpaar-Knigge ²¹⁰⁰ Historisches und Sonderbares, Planung und Organisation, Aberglaube und Hochzeitsbräuche
Jeder Ratgeber € 15,90, 104 Seiten, A5, kartoniert

2 Ratgeber Selbst-Coaching

Jeder Ratgeber € 12,95, 120 Seiten, A5
Selbstbewusstsein Knigge ²¹⁰⁰ Ich bin, ich kann, ich will. Das eigene Leben bestimmen, Soft Skills, The Winner 1
Selbstwertgefühl Knigge ²¹⁰⁰ Steh auf! – Werde aktiv! – Zeige Profil! Das eigene Leben beeinflussen, Motivation, The Winner 2

Leben und Lifestyle

Das kleine Knigge-Quiz [2100] € 9,70; 96 Seiten, 12x19 cm, kartoniert
Jugend-Knigge [2100] Knigge für junge Leute und Berufseinsteiger, € 15,90; 152 Seiten
Zukunfts-Knigge [2100] Verfall der Sitten und Verlust der Wertschätzung? Umgangsformen in 100 Jahren. Zusammenleben mit Menschen, Maschinen und menschenähnlichen Robotern, € 14,95; 172 Seiten A5 kartoniert
Hochzeits-Knigge [2100] Hochzeitsbräuche, Geschenke, Brautjungfer, Trauung, Festgäste und Festmahl, € 29,95; 310 Seiten A5
Ü65- und Senioren-Knigge [2100] Die junge Alten und die alten Jungen, Kommunikation und Verständnis zwischen den Generationen, Einsamkeit und technischer Fortschritt, € 19,95; 180 Seiten A5
Blumen-Knigge [2100] Historisches, Mystisches, Festliches, Blumen-Sprache, Umgang mit Blumen-Präsenten, € 19,95; 144 Seiten A5
Bekleidung! Ausdruck der Persönlichkeit – Lukas' Outfit-Knigge [2100], € 19,95; 196 Seiten A5
Nudel-Knigge [2100] Himmlische Teigwaren, € 17,95; 140 Seiten A5
Der Interkulturelle Kompetenz-Knigge [2100] Kultur, Kompetenz, Eindrücke – Gesten, Rituale, Zeitempfinden – Berichte, Tipps, Erlebnisse, € 29,95; 240 Seiten A5
Wertschätzung-Knigge [2100] Gleichberechtigung, Gender und Respekt, Sexuelle Orientierung, Umgang bei Diskriminierung und Mobbing, € 14,95; 152 Seiten A5
Dschungel-Knigge [2100] Umgang in ungewohnter Umgebung, € 23,95; 192 Seiten A5
Der Dicke-Knigge [2100] Aus dem prallen Leben des Dicken, € 15,90; 104 Seiten A5
Typisch Frau – Typisch Mann Knigge [2100] Unterschiede und Gemeinsamkeiten im Umgang mit dem anderen Geschlecht, € 12,95; 128 Seiten A5
Kulinarischer und Gastronomischer Knigge [2100] Von Events, Feiern, Aperitif über Esskultur, Speisen und Getränken zu zeitgemäßen Tischsitten, € 26,50; 284 Seiten A5
Klo- und Pinkel-Knigge [2100] Vom privaten und öffentlichen Bedürfnis - Umgangsformen im Tabu-Bereich, € 13,50; 104 Seiten A5
Omi hüpf' mal Märchen meiner Großmutter, Erlebnisse ihre Jugend und wahre Geschichten meines Vaters von und über Omi Rickchen, Hardcover, € 29,95; 312 Seiten
Der Hunde-Knigge [2100] Umgang mit dem Hund – Hundesprache – Der Hund in der Gesellschaft, € 17,95; 180 Seiten A5
Welcome to Germany-Knigge [2100] Umgangsformen, Verhaltensmuster und gesellschaftliches Miteinander im deutschsprachigen Europa, € 11,99; 108 Seiten A5
Besuch willkommen Knigge [2100] Einladung, Gast, Geschenk, Empfang, Feier, Gastfreundschaft, € 14,95; 200 Seiten A5
Leben, Tod und Ansichten Austausch mit Berühmtheiten über Wichtiges und Unwichtiges im Leben, € 12,95; 116 Seiten A5
Leben, Tod und Überlegungen Austausch mit Berühmtheiten über Größe, Ewigkeit und Spaß im Leben, € 12,95; 116 Seiten A5
Tod, Trauer, Totenkult-Knigge [2100] Sterben, Trost, Takt, Bestatten, Tradition, Vorsorge, Tabus, Vergänglichkeit und Sonderbares, € 17,95; 212 Seiten A5

Leben und Lifestyle

Rhetorik, Soft Skills, Hochschule, Beruf

Rhetorik ist Silber Von den ersten Schritten zu einer perfekten Präsentation, € 17,90; 144 Seiten A5, kartoniert, Zeichnungen
Moderation ist Gold Gesprächsführung, Umfragen, Talkrunden und Manipulation, € 17,90; 144 Seiten A5, kartoniert, Zeichnungen
Lebhafte Körpersprache in Vorträgen, Präsentationen, Gesprächen, € 17,90; 144 Seiten A5, kartoniert, ca. 290 Zeichnungen
Rhetoric – Mastering the Art of Persuasion, € 22,90; 144 Seiten A5, kartoniert
Discussion – Mastering the Skills of Moderation, € 22,90; 144 Seiten A5, kartoniert, Zeichnungen
Body Language in Europe, € 22,90; 144 Seiten A5, kartoniert, ca. 290 Zeichnungen
Körpersprache – Lüge, Verrat, Macht, Im Beruf, vor Gericht, beim Flirt – Gewinnerpose und Demutshaltung – Drohung und Zuneigung; € 29,95; 364 Seiten A5, kartoniert, über 400 Zeichnungen
Das große Buch der Rhetorik [2100] Tacheles reden; Präsentieren; manipulieren und überzeugen, € 37,45; 332 Seiten A5, kartoniert, viele Darstellungen
Trickreiche Rhetorik [2100] Psychologische Gesprächsführung, manipulierende Darstellung, unaufdringliches Nudging, € 37,45: 300 Seiten A5, kartoniert, Zeichnungen
Soft Skills-Knigge [2100] Soziale, Persönlichkeit, Selbstmanagement, € 37,45; 324 Seiten A5, kartoniert, viele Darstellungen
Schlagfertigkeit-, Spontaneität-, Stegreif-Knigge [2100] Impulsiv handeln, verbale Angriffe kontern, Störungen entwaffnen, € 13,50; 104 Seiten A5
Pitch Skills und Überzeugungs-Knigge [2100] Elevator Pitch, Geldgeber beeindrucken, Feuer versprühen, € 13,50; 128 Seiten A5, kartoniert
Smalltalk-Knigge [2100] Vom kleinen Gespräch bis zum charmanten Flirt - Kontakt ausbauen, Sympathie zeigen, Begehrlichkeit wecken, € 13,50; 100 Seiten A5
Quassel-Knigge [2100] Quasseln, Quatschen, Quengeln oder Lebenswichtige Kommunikation – Gezielt eingesetzte Rhetorik – Aussagekräftiges Profil zeigen, € 13,50; 112 Seiten A5
Hochschul-Knigge [2100] Studentischer Umgang in und außerhalb der Hochschule am Beispiel der Cologne Business School, 132 Seiten A5, kartoniert, Fotos
Jugend-Karriere-Knigge [2100] Schule und Studium, Netzwerk und Klüngel, Erfolg und Risiken, € 19,95; 224 Seiten A5, kartoniert, Zeichnungen, Checklisten
Bewerbungs-Knigge [2100] **für Frauen – Tina bewirbt sich / Bewerbungs-Knigge** [2100] **für Männer – Tom bewirbt sich**, Vorbereitung, Wahl der Kleidung, Verhalten beim Bewerbungsgespräch, je € 19,70; 128 Seiten A5, kartoniert, Fotos, Checklisten
Kreativitäts-Knigge [2100], Visionärhaft denken, Scheuklappen sprengen, Mentales Risiko eingehen, € 14,95; 164 Seiten A5, kartoniert
Team und Typ-Knigge [2100], Ich und Wir, Typen und Charaktere, Team-Entwicklung,
€ 14,95; 128 Seiten A5, kartoniert, viele Darstellungen
Die flotte Generation Y im 21. Jahrhundert, selbstbewusst – lebensbetonend – flexibel. Wie mit der Generation Y zielorientiert und erfolgreich gearbeitet werden kann,
€ 12,95; 116 Seiten A5, kartoniert, Zeichnungen
Die flotte Generation Z im 21. Jahrhundert, entscheidungsfreudig – effizient – eigenverantwortlich. Wie mit der Generation Z zielorientiert und erfolgreich gearbeitet werden kann, € 12,95; 140 Seiten A5, kartoniert, Zeichnungen

Rhetorik, Soft Skills, Hochschule, Beruf

Englisch:

Beratung, Coaching, Seminar

Wer hat nicht gerne mit Menschen zu tun, die selbstbewusst und selbstsicher mit anderen Menschen umgehen?

Geschäftspartnern, die die elementaren Regeln des ‚Benimms' beherrschen, stehen die Türen zum Erfolg offen.

Unternehmen, die neben ihrer fachlichen Leistung auch ‚menschlich' überzeugen wollen, bieten wir für ihre Mitarbeiterinnen und Mitarbeiter aktives Training im Umgang mit Kunden, Gästen, Kollegen und Gesprächspartnern an.

Auf unserer Website informieren wir Sie über unsere Angebote:

- Firmen-Internes-Training
- → Business-Etikette und das Lehrmenü
- → Präsentieren, Moderieren, Kommunizieren
- → Körpersprache und ihre Geheimnisse
- Offen ausgeschriebene Seminare
- → Teuflische Rhetorik
- → Flottes Reden vor und zu anderen
- → Der erste Eindruck

- → Ladies Power
- Individuelles Einzelcoaching
- → Authentisches Auftreten
- → Dress for Success
- → Verhandlungstechniken
- → Persönlichkeit
- → Interkulturelles Training
- Freundlichkeits-Checks in Unternehmen
- Workshops

- → Soft Skills
- → Team-Training
- → Intensiv-Training für
- → TV-Auftritte
- → Vorträge
- → Präsentationen
- → Reden
- Fachliteratur und Arbeitsunterlagen
- Vorträge/Speaker
- → Vor kleinem und vor großem Publikum

Individuelles Coaching für Einzelpersonen: Und, wer es ganz individuell mag, greift zurück auf ein Einzel-Coaching. Hier werden ganz persönliche Herausforderungen angegangen, mit Themen wie:

- Interkulturelle Kompetenz
- Selbstsicheres Auftreten
- Präsentations-Techniken
- Erfolgreiche Verhandlungsführung

- Der Erste Eindruck
- Bewerbungstraining
- Rhetorik und Überzeugungskraft

und andere Themen – direkt auf die besonderen Bedürfnisse des Einzelnen zugeschnitten. Besuchen Sie uns auf www.knigge-seminare.de